30秒看世界

30秒认识数学

[英] 安妮·鲁尼 著
[英] 普特里·费布里亚纳 绘
[英] 凯蒂·斯特克勒斯 顾问
孟天奇 译

中信出版集团 | 北京

图书在版编目（CIP）数据

30 秒认识数学 /（英）安妮·鲁尼著；孟天奇译
. -- 北京：中信出版社，2019.7
（30 秒看世界）
书名原文：Maths in 30 Seconds
ISBN 978-7-5217-0732-8

I. ① 3… II. ①安… ②孟… III. ①数学 – 少儿读物
IV. ① O1-49

中国版本图书馆 CIP 数据核字（2019）第 116896 号

30秒认识数学

著　　者：[英] 安妮·鲁尼
译　　者：孟天奇
出版发行：中信出版集团股份有限公司
（北京市朝阳区惠新东街甲 4 号富盛大厦 2 座　邮编　100029）
承 印 者：北京利丰雅高长城印刷有限公司

开　　本：787 mm × 1092 mm　1/16　　印　　张：5　　字　　数：60 千字
版　　次：2019 年 7 月第 1 版　　印　　次：2019 年 7 月第 1 次印刷
京权图字：01–2018–7505　　广告经营许可证：京朝工商广字第 8087 号
审 图 号：GS（2018）5921 号
书　　号：ISBN 978–7–5217–0732–8
定　　价：460.00 元（全 20 册）

图书策划：见识城邦
策划编辑：肖雪　程时音　　责任编辑：卢建勇　曲沛然　于贺
营销编辑：杨璞　　装帧设计：象上设计
责任印制：刘新蓉

30秒认识数学

目录

序

60秒介绍

也许你已经开始淡忘自己学会计数前的童年时光——绝大多数人都是在很小的时候便开始学会使用数字，我们甚至不用思考便能每天得心应手地使用它们。但是，计数仅仅是一个开始！计数背后的道理便是数学，而我们能用数学做很多很多神奇的事情。

数学绝不仅仅是你在学校里学习过的一门课程。数学的规律隐藏在种种事物中：火箭登月、建筑安全施工、你玩过的每一款电脑游戏，甚至是窗帘上的图案……

数学在自然界中也随处可见。自然界中的万事万物都在以某种特定的方式有序呈现，这背后的原理可以用数字和形状加以描述和解释。河流的蜿蜒曲折、银河系的螺旋、树枝的生长、行星的运行轨道，无不遵循数学的规律。

运用数学的方式有很多种。纵观各个历史时期，横看世界五洲四洋，人们运用数学的方式多种多样，我们在本书中使用数学的方式只是其中一种。如果有一天我们遇到来自另一个星球的外星人，他们很可

能用一种我们前所未见的方式进行数学计算，而且他们的方法同样行之有效。

本书揭示了一些能用数学解决的不可思议的事情。你会发现，原来数学能够为我们提供很多方法，帮助我们探索并解释我们身边的大千世界。那么，数学到底如何帮助我们做决定或者预测即将发生的事情？天上的星星到底能不能数得清？我们能测量火山喷发吗？我们能用数字代替数学吗？计数的方法只有一种还是多种多样？请你在阅读中思考上述几个问题。

在本书中，每一页都有一个独立的主题，请快速阅读并抓住重点。如果实在来不及读完，可以快速阅读每页的“3秒钟总结”。每个主题有一个全页插图为你提供丰富多彩的概览指南。当然，如果你还有几分钟的富余时间，本书还有一些有趣的实践活动等你尝试。

1、2、3……

不论是用来计数、测量还是计算，我们每天都在使用数字。但是，数字究竟从哪里来？你能想象我们的生活如果没了数字将变成什么样吗？数字对我们来说很有用，但它们也可能毫无用处。我们也许能写出一个很大的数字，以至于它与整个宇宙中的万事万物都毫无关联。

数学的起源

30秒大揭秘

人类用数学来解释并预测万事万物。例如，人们用数学计算一颗行星的运行轨迹，或者预测一座桥是否会倒塌。

据我们所知，我们是地球上第一种能够运用数学的生物。我们运用数学进行计算、建造大楼、做艺术创作、探索科学，但我们运用数学的历史只有短短几千年。这些数学规律在人类开始运用数学之前就存在吗？或者说，是不是人类发明了数学，并将数学作为一种解释世界的方式？没人知道真正的答案。

我们倾向于认为数学规律是不变的、正确的。我们可以将正方形的两边相乘得到正方形的面积，并且计算方法每次都不变。但是在恐龙时代，没有人知道如何计算出正方形的面积，所以也很难知道这一数学规律在那时是否存在。

尽管有些动物似乎对数字有感觉（如果它们的一些幼崽少了几个，它们是能发觉的），但是我们并没有发现任何一种动物能够像人类一样做算术题和运用数学。

也许人类建立的数学定律并不是能够诠释万事万物的唯一方法。也许，在宇宙遥远的一端，外星人能够用一种和人类完全不同的数学体系来诠释世界。

3秒钟总结

也许早在人类诞生前，数学就已经存在了，或者真正的数学是人类创造的。

小知识

兜兜转转

很久以前，人类认为太阳是围绕地球转的。现在科学家知道了行星围绕太阳转的数学规律。我们现在已经能够通过数学来预测行星在将来的任何时刻所处的位置。

我们用数学来解释我们周围的世界，但是没有人确切知道我们到底是发明还是发现了数学定律

我们在大自然中也能发现数学的身影。鸟类虽不能像人类一样计数，但有些鸟类知道巢里是否少了一只雏鸟

人类运用数学来理解各种各样的事物，例如，比萨斜塔到底会不会倒塌

清点和计数

30秒大揭秘

在能够像我们今天这样计数之前，古人运用清点的方法来处理问题。清点就是将一个事物与另一个事物匹配，这样便能记录它们的数量。例如，穴居人会在他猎杀的每一头猛犸象的骨头上做记号。

无独有偶，如果一个牧羊人用一块石头代表他的一只羊，那么当他晚上赶羊入圈的时候，只要有一只羊入圈，就往陶罐里放一块石头，如果丢了羊，就会有石头剩下。但是这个牧羊人并不能说出自己到底丢了几只羊，除非他能数出剩下几块石头。

清点的方法在今天仍然行之有效。我们有时候通过清点的方法给一场比赛记分，我们平时常做的“掰手指头”也是一种清点的形式（每根手指代表一个事物）。不过如果你会计数，那么事情就会简单得多。

简单来说，计数就是给数命名。数有了名字，你便能说“剩下了三块石头”，然后寻找丢了的三只羊。计数能帮助我们应对很大的数字，能够高效地将一个数字告诉别人，比较几个数字的大小，也能帮助我们和其他人做生意。

3分钟任务

记分

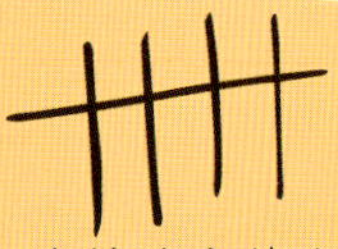

你需要：纸和铅笔

尝试清点。你可以尝试用清点的方法数清窗外鸟儿的数量、过往的汽车的数量，甚至你打嗝的次数。用一道竖线表示每只鸟、每辆汽车、每次打嗝，到第五道竖线的时候，改成在四道竖线上画一条横线，然后重新开始（如图所示）。

3秒钟总结

在学会计数之前，人们用清点的方法记录数量。

清点就是将一个事物与另一个事物匹配，这样便能记录它们的数量，但是如果你会计数，就能做更多事情

牧羊人用清点的方式管理自己的羊群，用一块石头代表一只羊

计数意味着人们能更加精确地表达数字。人们能够精确地数出数量，而不是说“我要用这些鱼跟你换那些洋葱”

数字系统

30秒大揭秘

数字符号是能够代表某一确切数字的符号或代码，用来代替将每个数都写出来的一种方法。这种用数字符号来表示数的方法叫作数字系统。

在我们的数字系统里，用10个不同的符号（0、1、2、3、4、5、6、7、8、9）就能写出任何一个数字，甚至是十亿、万亿。我们能够这么做是因为我们的数字系统是一个进位制系统，每个数字符号所在的位置代表了它的数值。

在任何数字中，最后一位（最右边的）数字符号代表1个，或称为“个位”，它仅代表它自己。在“个位”左边的数字符号代表10个（十位），之后是“百位”，以此类推，每次乘以10。数字4 139意味着（4×1 000）+（1×100）+（3×10）+（9×1）。也就是说，我们将所有数字符号排成一队，再将每个数字符号代表的含义相加，就可以得到一个确切的数。

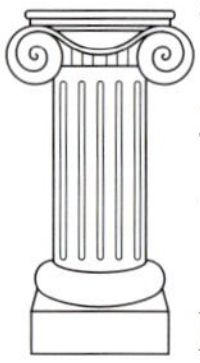

古罗马人拥有一套更复杂的数字系统。他们用字母表示不同的数。每个字母从大到小排列，然后相加得到总数（例如LXXVII=50+10+10+5+1+1=77）。有时一个较小的数字出现在一个较大的数字前面，这表示需要将较小的数字从这个较大的数字中减掉。例如4被写成IV（5－1），90被写成XC（100－10）。这样一来，数字就可能变得非常长。

3秒钟总结

我们的数字系统是进位制系统，也就是说每个数字符号所在的位置代表了它的数值。

3分钟任务

制作一个罗马数字表

你需要：纸、铅笔、彩笔或彩色铅笔和电脑的绘图程序

绝大多数日期和月份的命名可以在古罗马追溯到根源。请用罗马数字代表日期，制作一个当前月份的罗马式日历。可以用电脑做，也可以在纸上写。装饰你的日历吧。

在我们的进位制数字系统里，我们仅用数字符号0~9，
而古罗马人用字母作为数字符号

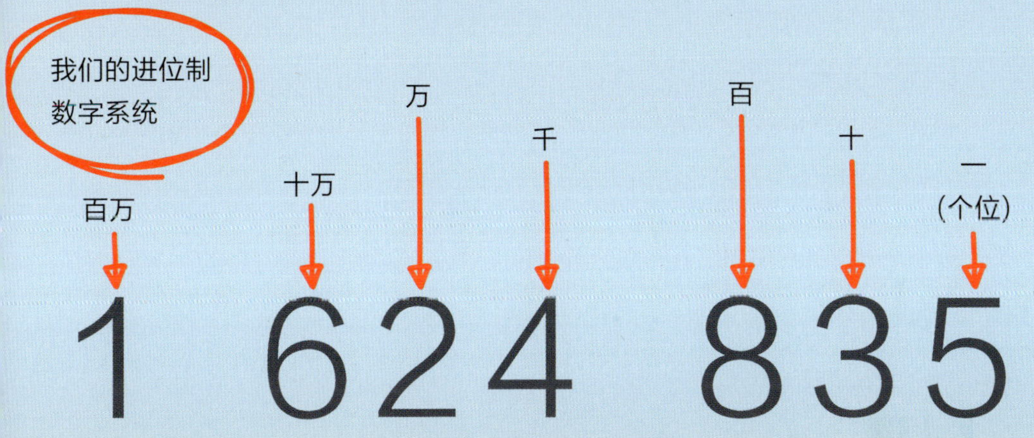

罗马数字的数字系统

I	II	III	IV	V	VI	VII	VIII	IX	X
1	2	3	4	5	6	7	8	9	10

XI	XII	XIII	XIV	XV	XVI	XVII	XVIII	XIX	XX
11	12	13	14	15	16	17	18	19	20

XL	L	LX	XC	XCIX	C	D	M
40	50	60	90	99	100	500	1 000

在我们的进位制数字系统里，数学运算很容易实现，只需要列竖式就能将几个数字相加求和。但是，数学运算对于古罗马人可没那么容易！

以10为基础

30秒大揭秘

如果你是一只章鱼，你觉得你会像人类一样计数吗？人类的数字系统是基于10的进位制系统，因为我们有10根手指头。如果一只章鱼也能计数，那么章鱼家族很可能创建一个基于8的数字系统。

我们之所以将我们的数字系统称为“十进制系统”，是因为当我们数到9以后，就将重复使用以前的数字。在我们的进位制系统中，用10来代表1个“10”和0个“1”的和。

如果一只章鱼以8为基础来计数，那么在7之后，章鱼将用“10”代表1个“8”和0个“1”的和。用小于10的数字作为计数的基础，就用不到我们现在所用的一些数字了。比如说，以8为基础的数字系统用不到“8”和“9”两个数字。

以2为基础的数字系统称为二进制系统。二进制中仅用数字符号“0”和“1”，当表示“2”的时候，二进制系统用“10”表示。这样一来，数字马上就能变得很长。

0	1	2	3	4	5	6	7	8	9	10
0	1	10	11	100	101	110	111	1 000	1 001	1 010

3秒钟总结

“10”并不总代表比9大1的那个数字，“10”的含义取决于我们所使用的数字系统。

小知识

电脑是怎么计数的？

电脑有时使用基于“16”的数字系统，也就是十六进制。与基于“10”的数字系统不同，这种方法在计数时以“16”为基础。由于没有表示10、11、12、13、14和15的单个数字，所以在十六进制中，用字母来表示10~15：10 = A、11=B、12=C，以此类推，15=F；10在十六进制中表示1个“16”和0个“1”的和。

在我们的数字系统中，当数到9以后，将重复使用以前的数字，因为我们只有10根手指头。但是在其他数字系统中，可能会在数到7、3甚至1后，便重复使用以前的数字

章鱼数到10的时候，我们数到8；章鱼数到20的时候，我们数到16（2×8）；章鱼数到100的时候，我们就数到64（8×8）

霸王龙数到10的时候，我们数到4；霸王龙数到20的时候，我们数到8（2×4）；霸王龙数到100的时候，我们数到16（4×4）；霸王龙数到1 000的时候，我们数到64（4×4×4）

分数

30秒大揭秘

假如你要跟5个朋友分享一张比萨，你们每个人会分到多少呢？答案是：少于一张比萨！要是你跟3个朋友分享一张比萨呢？每个人依然分得少于一张比萨，但每个人得到的比萨会更大。要数出或者测量一个0和1之间的数，你需要用一种特殊的数字，那就是“分数”。

如果你将一张比萨切成三等份，其中的每一份将写成1/3，用来表示一个整体被等量分成三个等份（或者1除以3）。如果你的其中一个朋友没吃比萨就回家了，留下你们两个人吃三块比萨，这种情况怎么办呢？其中一人吃掉两块（2/3），另一个人吃掉一块（1/3），但这么分并不公平。最好的办法是将第三块等分成两份（1/2），平分给两个人。三分之一（1/3）的一半是六分之一（1/6），所以刚切的比萨饼就变成了整个比萨的1/6。

计算方法：

将分数线以上的数字和分数线以下的数字分别相乘，得到计算结果，例如：$\frac{1}{2} \times \frac{1}{3} = \frac{1 \times 1}{2 \times 3} = \frac{1}{6}$。

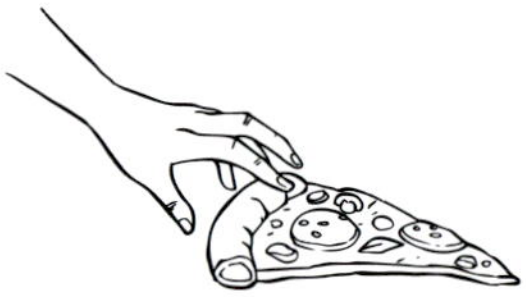

3秒钟总结

使用分数可以让我们理解整体的一部分。

小知识

小数是最好的表达方式

小数是一种特殊的分数：它们可以将一个数字拆分成十分之一、百分之一、千分之一，以此类推。我们可以将一个数字写成小数的形式，用一个小数点分开整数部分和小数部分。所以，“1.0”就表示1和0个1/10的和。“0.5”就表示0和5/10的和。同样，“3.7”表示3和7/10的和，也可以写成$3\frac{7}{10}$。小数的计算比分数的计算更简单。例如将两个分数相加十分复杂，如果转换成小数的形式就变得非常简单：0.625+0.3=0.925。

当你需要分享的时候，分数是很好的工具。你可以用分数将一个事物或任何数量的事物分成较小的部分

三个人分享一张比萨，
你可以将它分成三等份

五个人分享两张比萨，你可以将每张比萨分成五等份

四个人分享六张小比萨，你可以将其中两个分成两等份。每人得到一张半比萨

你也可以使用分数将比萨分成不等的几份

两个人分享一张比萨，你可以将它分成不等的两份，一块大的（3/4）和一块小的（1/4）

永无止境的数字

30秒大揭秘

你能数到多大的数？从理论上来说，你可以永无止境地数下去，但是你很快会感到无聊。如果你没日没夜、永无休止地计数，每秒钟数一个数，那么你需要近12天的时间才能数到100万，要用约31年零7个月的时间才能数到10亿！

一个很大的数写出来会很长，但是我们有一种能把很大的数写短的方法：

1 000表示10 × 10 × 10，所以我们可以将它写成10^3

1 000 000=10^6

1 000 000 000=10^9

在英语单词中，用“illion”为结尾的单词可以表示很大的数字，如“million”（百万）、“billion”（十亿）、“trillion”（万亿），最大到“nonillion”（10^{30}），然后以“illion”为结尾的单词就用完了。但也有一些单词可以表示非常非常大的数字。例如“googol”表示1后面有100个0（10^{100}），“googolplex”表示1后面有“googol”个0（10^{googol}）。目前人们还没找到任何一种事物的数量能够达到“googol”，更别说“googolplex”了，甚至全宇宙所有原子的数量加在一起都不够。

3秒钟总结

数字是永无止境的，但是单词是有止境的。

小知识

数字数不停

数字是永无止境的——它们是无限的。这就意味着可以永无休止地数下去。无论你数到多大的一个数字，都可以在它的基础上加1，来得到一个更大的数字。你也可以永无休止地将比0小的负数数下去：−1、−2⋯⋯ −4 892 543⋯⋯以此类推。

数字是永无止境的，所以我们发明了一种把很大的数字写短的方法

有些天文学家认为，我们从地球能看到的星星的数量有1 000 000 000 000 000 000 000 000个，而这只是整个宇宙的一小部分，这个数是10^{24}

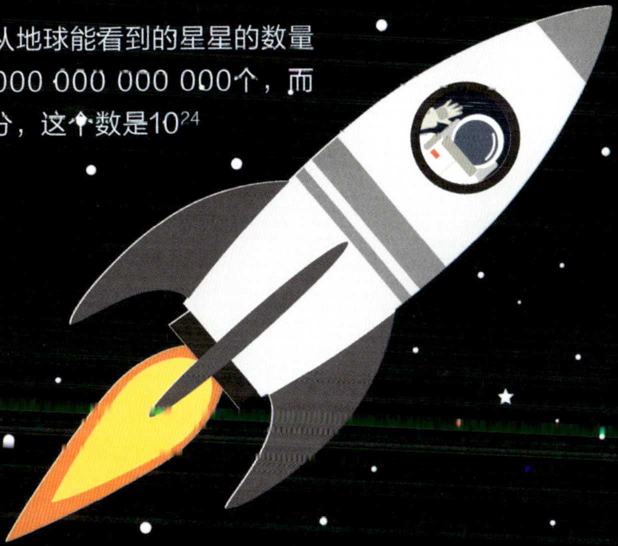

宇宙还有很多我们未曾看到的部分，我们不知道这部分到底有多大，包含了多少颗星星

线条优美的形状

我们身边有各种各样的形状。有些形状是规则的，比如正方形和六边形，还有一些波浪形或锯齿形的不规则形状，比如小水坑或一片叶子。有些形状组合在一起或者自行重复，来形成图案。形状可以是平面的，比如一张纸，也可以是立体的，比如一个纸盒子或一个弹力球。

维度

30秒大揭秘

一个“圆形”和一个“球体”的区别是什么？或者说一个“正方形”和一个“立方体”的区别是什么？答案就在于维度上的差别。维度是衡量某一特定方向的量，一个形状的维度数量决定了这个形状是平面的还是立体的。

想象有一个点——“·”，但这个点因太小而无法测量。如果你再画一个点，然后将两个点连接起来，就会得到一条线。线是有长度的，你可以在一个方向上测量它的长度。也就是说，线是一维的。

如果你多画几条线，然后把它们连起来组成一个轮廓，就得到了一个平面图形，例如，一个三角形或一个长方形。你可以在两个维度上测量这个平面图形。例如，你可以测量一个长方形的长度和宽度，所以我们说平面图形是二维的。你可以计算出平面图形表面的大小，也就是面积。

再想象一下，你把一个平面形状变成一个空间形状。你可以将几个三角形组成一个金字塔的形状，或者将几个长方形组成一个长方体。空间形状就有三个可以测量的方向：我们可以测量长度、宽度和高度，所以说立体形状是三维的。你也可以计算出三维形状所占空间的大小，也就是体积。

3秒钟总结

线是一维的，形状可以是二维的，也可以是三维的。

3分钟任务

平面形状和立体形状

看看你是否可以在家或学校找到这些平面形状：正方形、圆形和长方形。如果找到了，试着再找找有相同平面形状的三维立体形状：正方体、圆柱体和长方体。

平面形状有两个维度，你可以计算它的面积。立体形状有三个维度，你可以计算它的体积

一条直线只有一个维度，你只能在一个方向上测量它

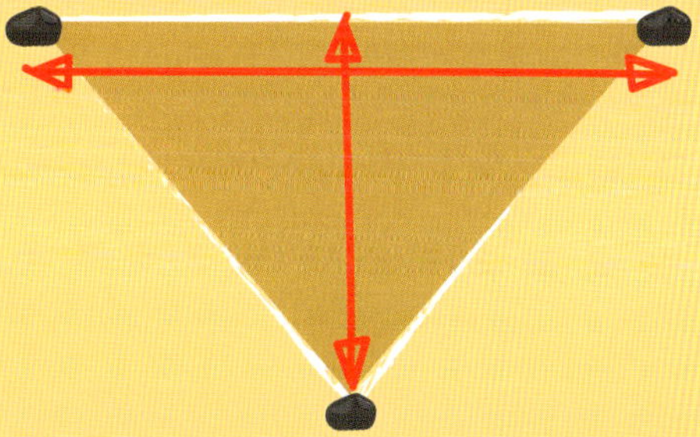

平面形状有两个维度，你可以在两个方向上测量它。平面形状是有面积的

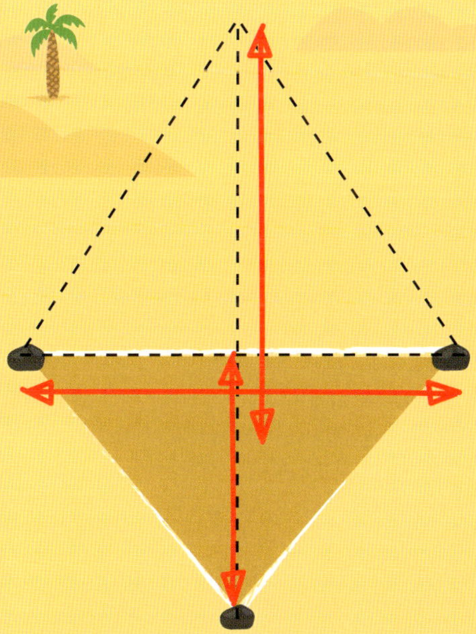

在平面形状的基础上增加一个方向，就可以得到一个三维形状

三维形状占有一定的空间，这就是体积

面积和体积

30秒大揭秘

一个二维平面图形周围的线（比如说农场周围的那圈篱笆）被称为周长。周长的长度可以用“线性单位”测量，如“厘米”和“米”。你可以将每个边的长度相加，就能得到周长。

周长内所围成空间的大小称为面积。农场就有面积。面积可以用“平方单位”测量，例如“平方厘米”（cm^2）和“平方米”（m^2）。计算长方形和正方形的面积很简单，只需要计算出长度×宽度。周长相同的形状的面积可以不同，同样，面积相同的二维形状的周长也可以不同。

对于三维形状，所有面的面积加在一起就得到了总的“表面积”。三维形状占有的空间的量就是体积。体积可以用“立方单位”测量，如“立方厘米”（cm^3）。很多三维形状的体积很好计算。举个例子，计算长方体的体积就是用长度×宽度×高度。表面积相同的三维形状的体积可以不同，同样，体积相同的三维形状的表面积也可以不同。

3分钟任务

制作区域

你需要：细绳和方格纸

用细绳在方格纸上围成一个细长的闭合形状。数数这个形状中小方格的数量。然后用同一根细绳做出其他形状。数数这个新形状中小方格的数量。哪个形状覆盖的面积最大？

提示：虽然所有形状的周长相同，但面积是不同的！

3秒钟总结

二维形状有周长和面积。三维形状有表面积和体积。

相同面积的二维形状的周长可以不同，相同体积的三维形状的表面积可以不同

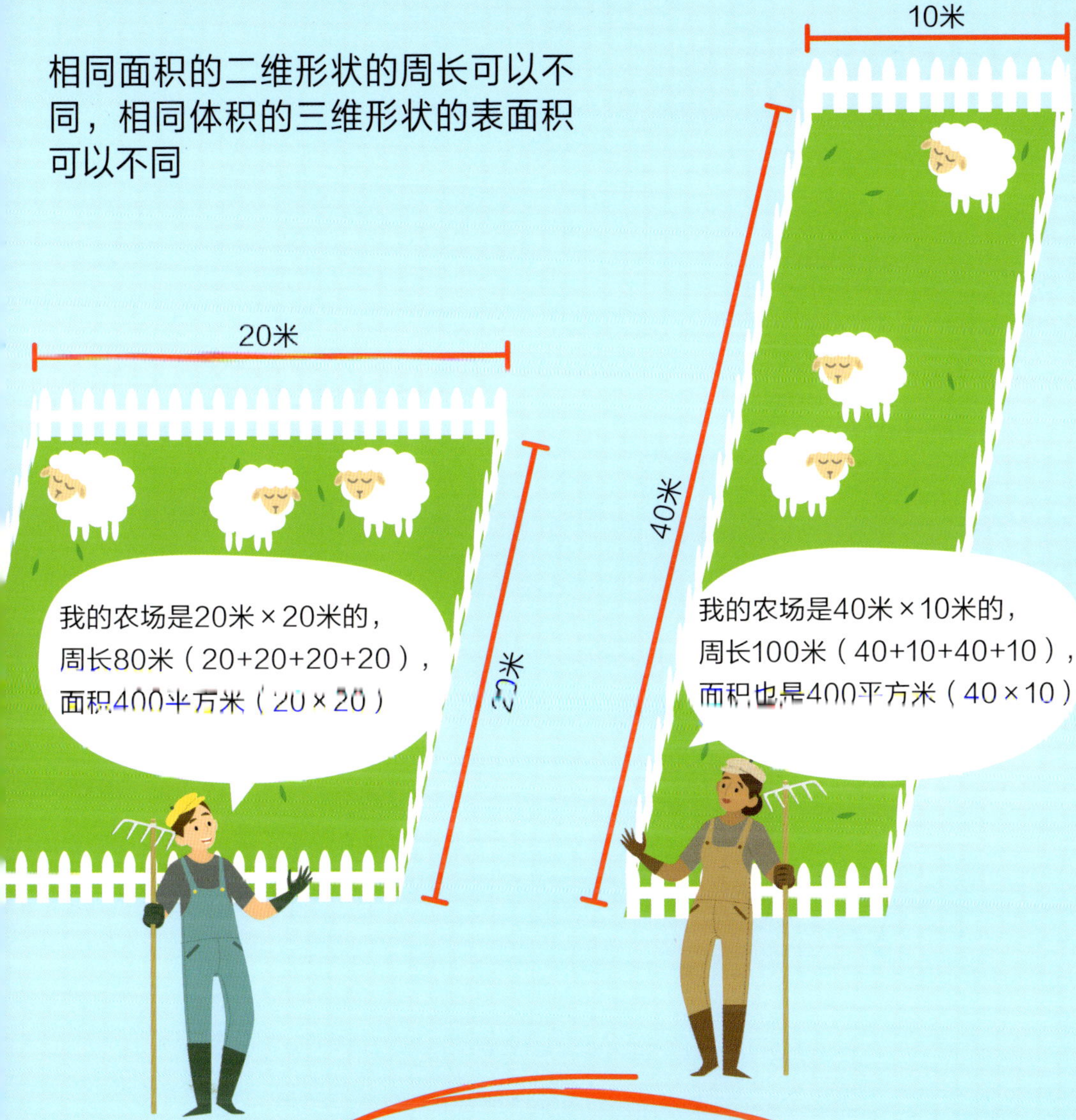

当牛奶从立体的盒子中洒出来时，虽然牛奶的体积没变，但洒出来的牛奶的表面积变大了许多

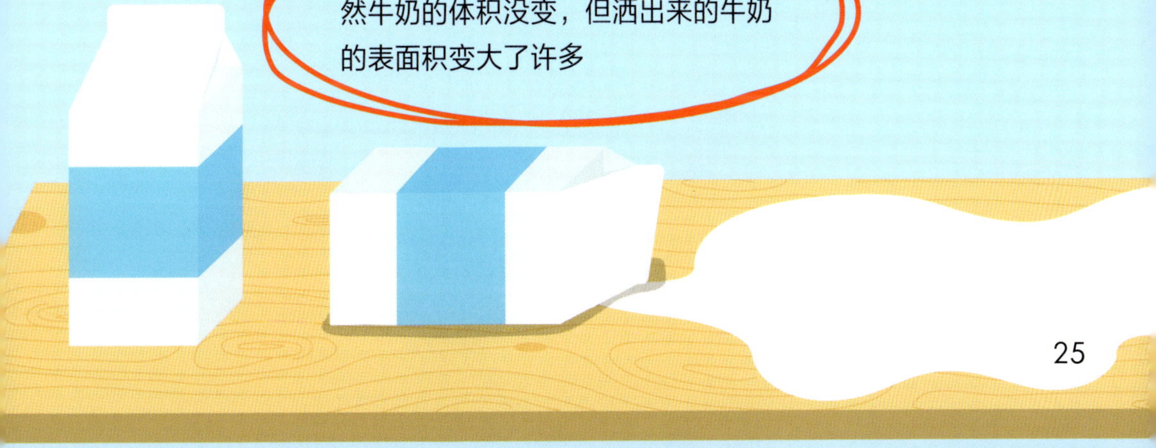

比表面积

30秒大揭秘

你知道吗？两个体积相同的三维形状，又细又长的形状的表面积比又宽又短的要大得多。三维形状表面积和体积的比值被称为表面积与体积比，即比表面积。比值可以表示一个事物和另一个事物的数量关系。

在动物世界里，表面积越大，越难保持自身的体温。烈日炎炎或凛冽寒风对动物的表面（也就是皮肤）都有很大的影响。小老鼠肯定会比大狗和大象更快感觉到冷，那是因为小老鼠的单位体积所对应的皮肤面积更大。

这也许听起来怪怪的，但是你如果吃过夹心巧克力就会知道，同样是夹着一颗葡萄干的夹心巧克力，体积小的巧克力肯定比体积大的味道要浓。对于小的夹心巧克力来说，虽然巧克力的量比较少，但是巧克力相比馅料的比例要比大的巧克力多很多，因为小的夹心巧克力的比表面积更大。

3分钟任务

表面积和速度

你需要：天平、方糖、砂糖、两个杯子、热水和一个成年人助手

称出两块方糖的重量，然后称出同样重量的砂糖。在两个杯子里倒入同样多的热水。将方糖和砂糖分别同时倒入两个杯子中。哪种糖先全部溶解？

（答案在78页）

3秒钟总结

矮胖的、敦实的立体形状的比表面积比拉伸的、扁平的立体形状小。

比表面积的影响有很多，比如温度、味道、衣服晾干的时间

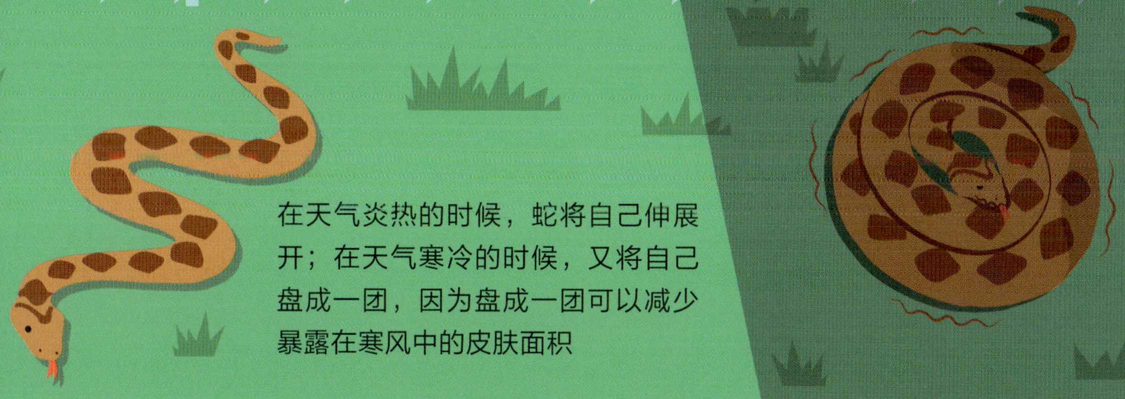

在天气炎热的时候，蛇将自己伸展开；在天气寒冷的时候，又将自己盘成一团，因为盘成一团可以减少暴露在寒风中的皮肤面积

小的夹心巧克力的比表面积更大，这意味着小的夹心巧克力比大的夹心巧克力更有巧克力味——尽管实际上它的巧克力总量不如大的多

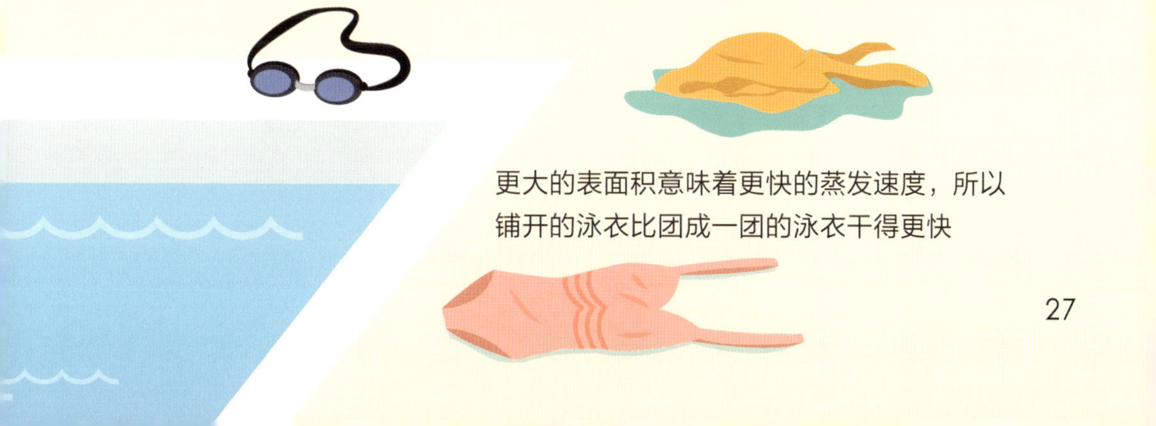

更大的表面积意味着更快的蒸发速度，所以铺开的泳衣比团成一团的泳衣干得更快

支撑力强的形状

30秒大揭秘

人类制造了许许多多立体的东西，其中许多东西需要结实耐用。东西结实一方面得益于原材料，另一方面得益于它们的形状。

想象一下，一只大象突然暴怒地闯入一个村庄，开始大肆冲撞村里的建筑物。那么，什么形状的建筑物最结实？尽管现代建筑的形状大多是正方形或长方形，但实际上这种形状并不是最坚固的。我们建造长方形的建筑物，是因为这种形状在某种程度上来说更容易被建造出来。但是，相比长方形，三角形、六边形甚至是圆形更坚固，因为它们更不容易变形。

如果仔细观察，你就会在建筑物里发现很多三角形结构。比如，很多屋顶靠三角形结构支撑，也有许多很高的建筑都是上窄下宽。这样的三角形状让建筑物更加牢固，不容易倒塌。

我们所见的桥梁很少和两岸的道路平齐：它们通常有拱门。拱形是坚固的，因为压在桥梁拱形顶端的重量可以把桥墩的石头固定住。楔形的砖块之所以不会掉落，是因为砖块之间相互挤压，中间没有空隙。

3秒钟总结

三维物体的坚固程度一定程度上取决于它的形状。

3分钟任务

弯折和断裂

你需要：纸板、剪刀和胶带

用纸板条做成下面几种形状：三角形、正方形、拱形。试试挤压这几个形状，哪种最容易变形？

一些形状相比其他形状更加坚固

拱形是坚固的结构。顶部的砖块铺得要比底部更宽，这样它们在上方压力的作用下相互挤压而不会掉落

只有两端有支撑的平整表面不是坚固的结构。施加在中间的压力会让它坍塌

圆顶雪屋是很坚固的，因为施加在顶端的压力让冰块之间相互挤压而更加坚固。圆顶雪屋的中间不会掉落，是因为四周的支撑

分形

30秒大揭秘

你有没有发现，一些图形可以分解成越来越小的图形，而小图形恰巧就是大图形本身的小号复制品。比如说，树干分裂成树枝，树枝又分裂成小树枝，小树枝又分裂成细树枝。这种模式能够通过不断产生自己的小号复制品而不断生长，我们将其称为分形。

树的枝干和根部形成了同一种模式，它们由一条线开始向外生长，但有些分形图形能够覆盖一个区域，其中一个例子之一就是“科赫雪花”（在下面的3分钟任务里，你能看到它）。随着分形模式的不断重复，它本身作为一个封闭图形，其周长也在不断变长。每次的生长都在周长线产生了更多“边”和“角”，图形整体的周长就也变长了。

但有趣的是，分形图形的面积不会超过一个特定的数值，因为分形图形的起始点是固定的。这是不是听起来很疯狂？分形图形的周长是可以无限增加的，因为其周长可以无限生长下去，但是分形图形轮廓内的面积是有限的。它永远不会大于初始形状的外接圆的面积（外接圆就是正好经过一个形状的全部顶点的圆）。

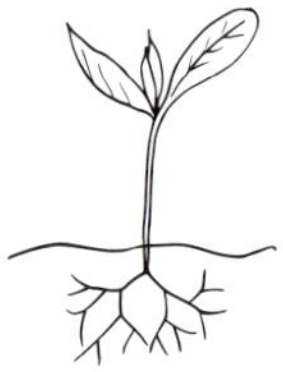

3秒钟总结

分形是一种不断重复的模式，每次重复的部分会不断变小。

3分钟任务

画一个分形图形

你需要：纸、尺子、铅笔和橡皮

先画一个等边三角形。将这个等边三角形的每个边三等分。然后把每条边的中段当作底边，画一个完全一样的等边三角形，再用橡皮把两个三角形相互覆盖部分的线条擦掉。接着对每个新画出来的三角形重复这个过程，直到你不能画得更小为止。你所画的分形图形就是“科赫雪花”。

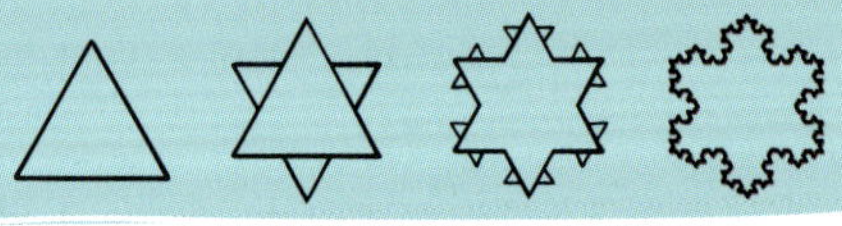

你能在大自然中找到很多分形模式的例子

看清闪电的形状很难，因为闪电实在是太快了，但是闪电“叉子式”的形状便是分形

在十分平整的山坡上，水流的形状也可能会形成分形图形，但事实上，石头和土块会阻碍这一过程

大树的枝干经常是分形图形，大树的根部也是同样的

蕨类植物也是分形图形。每株蕨类植物的叶片都是互相分开的，每个叶片也以同样的方式继续分成更小的叶片。每个更小的叶片再分成更小的叶片

图形变换

30秒大揭秘

在镜子里，你的镜像和你一模一样，只不过镜像和你是左右颠倒的。如果镜中你的右膝上有划痕，那就是你的左膝的反射膝。镜像是图形变换的一种方式。反射镜像和原来的图形完全相同，只不过将它翻了个个儿。当然，图形既可以上下颠倒，也可以左右颠倒。

图形变换的方式还有很多种，比如旋转、平移、改变大小。当一个图形被反射、旋转、平移时，它的大小和形状均不发生变化。

图形旋转意思就是将图形转一个方向。也就是说，选一个点，保证这个点固定，将图形或物体绕着这个点旋转。如果你将图形或物体绕着这个点旋转整整一周，回到初始的位置，那就和最初的图形或物体完全相同。平移就是移动一个物体，就像把一个物体从桌子的一端移动到另一端。

改变图形的大小就是让图形变大或变小，但是图形的各个部分比例保持不变。就像用放大镜（放大）或者反着拿望远镜（缩小）看物体一样。

3秒钟总结

镜像、旋转、平移都只是移动物体而不改变其大小。调整大小才会让图形变大或变小。

3分钟任务

放大

你需要：一张图片、尺子、铅笔和纸

在一张图片上画上方格，然后在一张纸上画上更大的方格。如果要将这张图片放大两倍，新的方格就要是旧方格的两倍大。仔细将每个小方格中的内容画在所对应的大方格中。新的图片就会和原来的图片内容完全一致，但是变得更大了。

想要将形状或图片进行变换，你可以对它进行旋转、镜像反射、平移或调整大小

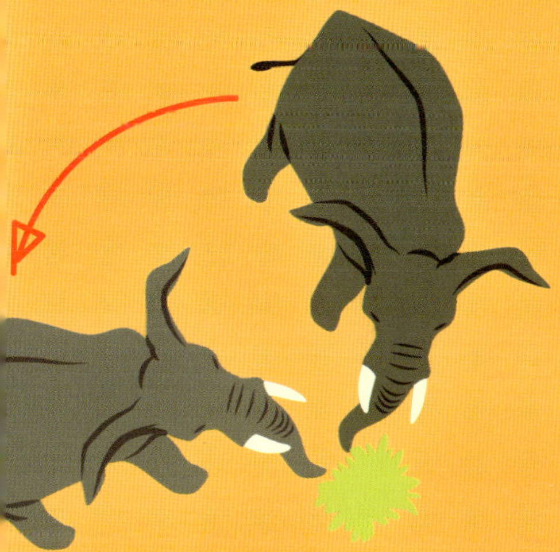

将物体旋转，也就是围绕着一个点，将物体换个方向。此时物体的大小和形状均不会变化，只是方向改变了

镜像就是物体在镜面中的反射图像。物体的大小和形状均个会变化，只是发生了翻转

平移就是将物体移动到一个新的位置，其他均不改变

调整物体大小的时候，只是让物体变得更大或者更小，不会改变形状和各部分的比例

对称性

30秒大揭秘

看看镜子里的自己。看看自己的左边和右边是不是大致相同？你的左边就是你右边的镜像。如果你能将自己对折，你的左半边和右半边基本能完美重合在一起，不存在部分重叠也没有空隙。那是因为你基本上是对称的。

想象一下，如果有一根线从你的鼻子一直连接到你的肚脐，将你的身体竖着分成两半，这条线的两侧能够完全对称重合。这条线就称为对称轴。

在对称形状中，对称轴的两边能够完全重合。有些形状有不止一条对称轴——它们能够从不同的方向折叠而且做到完美重合。一个长方形有两条对称轴，而正方形有四个——从左到右、从上到下，还有两条对角线。

一个圆形能从任意方向对折，换言之，一个圆形有无限多条对称轴。如果有一个形状（比如说五角星）进行旋转后可以和原来的图形完全一样，那么就称这个图形有旋转对称性。

3秒钟总结

对称形状的对称轴两侧完全一致，对称轴可以有一条或很多条。

3分钟任务

做一个面具

你需要：纸、铅笔、剪刀、彩色毛毡或泡沫塑料、彩笔、细绳或皮筋

将纸对折，沿着中心线在其中一边画上一种动物或一只怪兽的半边脸。沿着你画的轮廓用剪刀剪下来，展开纸张，将它铺在彩色毛毡或泡沫上，并沿着边线将毛毡剪下来，将它装饰一下。在两边各打一个洞，用皮筋或者细绳串起来。

有些图形可以有很多条对称轴

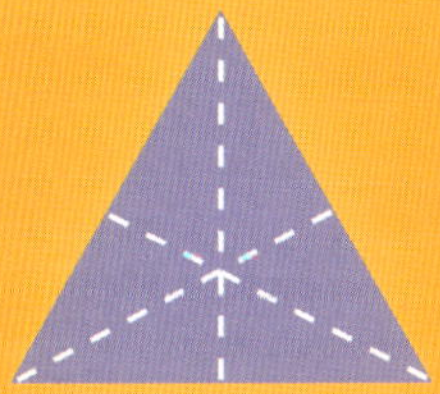

等边三角形有三条对称轴

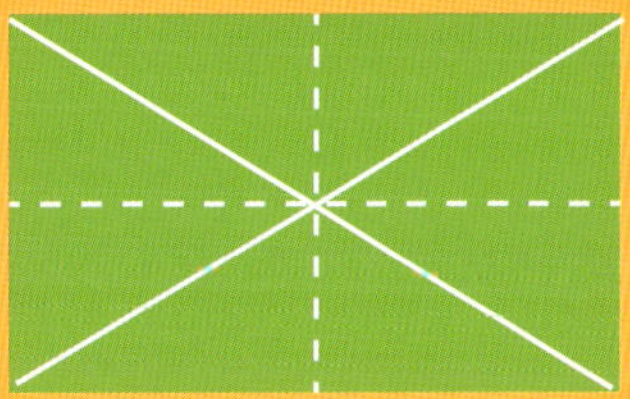

一个长方形有两条对称轴，还可以沿图中实线旋转对称

一个正方形有四条对称轴

一个圆形有无数条对称轴

这个五角星具有旋转对称性，你可以将其旋转五次，每次旋转之后，它都和原来的一模一样

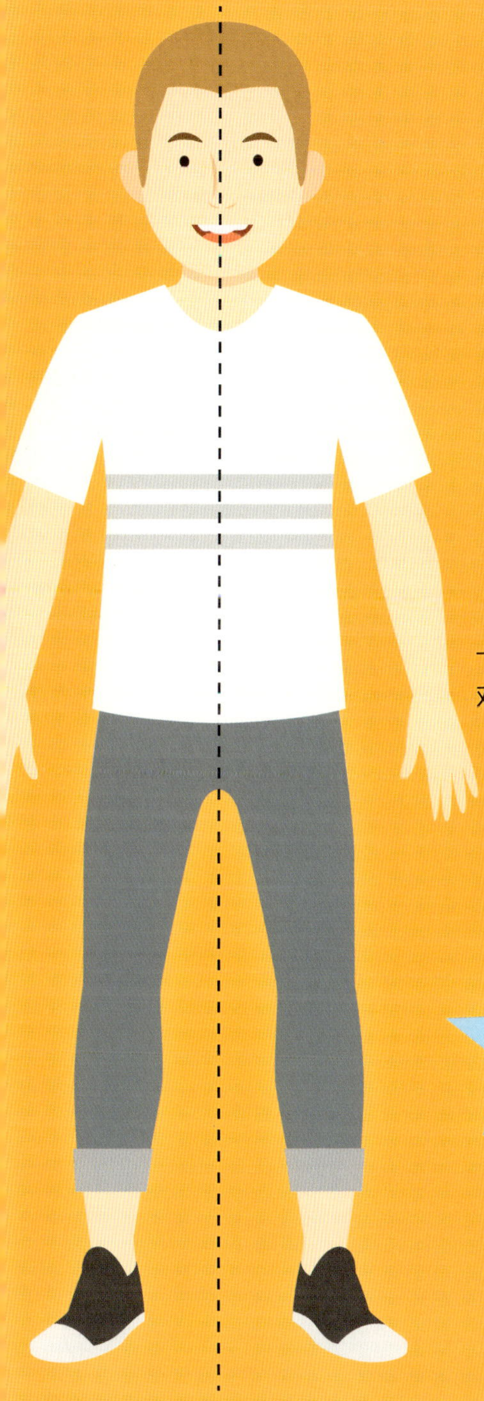

像你我一样，绝大多数动物都是大致对称的

密铺

30秒大揭秘

包装纸、壁纸还有衣服的布料上经常有各式各样的图案，比如条纹、斑点、花朵、超级英雄、汽车、恐龙、小精灵等等。但是如果你仔细观察，会发现这类设计经常是以小图片重复出现的方式组合而成，而小图片基本都画在正方形、长方形、六边形或者三角形中。小图片在相互组合的过程中，可以发生变换，例如旋转或者镜像反射，但小图片本身并不发生改变。

如果一种图形能够完全铺满一片区域，并且没有留下任何间隙，则称为“密铺”。用重复的长方形或者正方形铺满一整片区域很容易实现，这就是绝大多数地砖和墙面瓷砖都是长方形或者正方形的原因。六边形和一些三角形同样能做到密铺。圆形做不到密铺，因为圆和圆之间总会留下小小的空隙。

当然，用不同的形状实现密铺也是有可能的。有一位叫莫里茨·科内利斯·埃舍尔的艺术家就用很多种不那么常见的密铺模式画了许多画。他画过一些动物的图案，如蜥蜴、蝙蝠或者鸟类，它们都可以完美组合在一起实现密铺。

埃舍尔

3秒钟总结

密铺的形状可以紧密地组合在一起，中间没有任何空隙。

3分钟任务

设计你自己的壁纸

你需要：纸、尺子、铅笔、剪刀、彩笔和装有绘图程序的电脑

选择一个能够实现密铺的形状（比如正方形），在这个形状里画出你想要的图案。然后将你设计好的图形复制很多次，将它们组合起来形成一种重复模式。可以在电脑上设计，也可以自己画一个然后扫描。如果你喜欢，也可以全程手绘。

绝大多数重复模式都是基于小的设计单元——可以是正方形、长方形、三角形或六边形

以长方形为单元的重复，单元之间呈左右方向的镜像

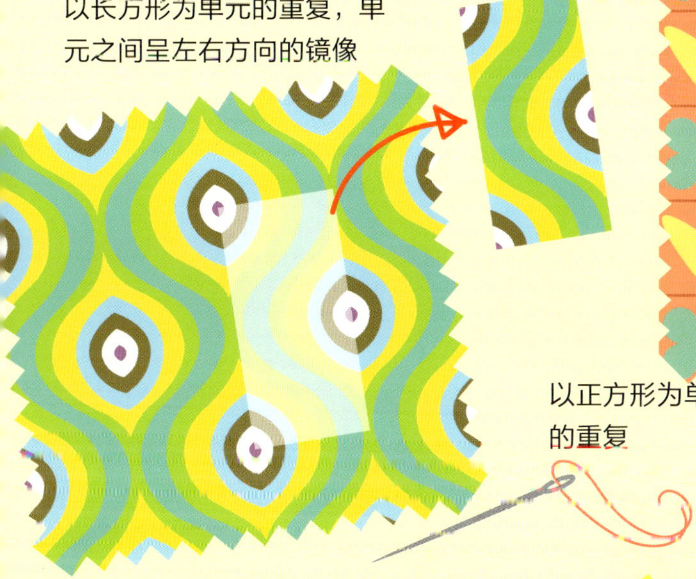

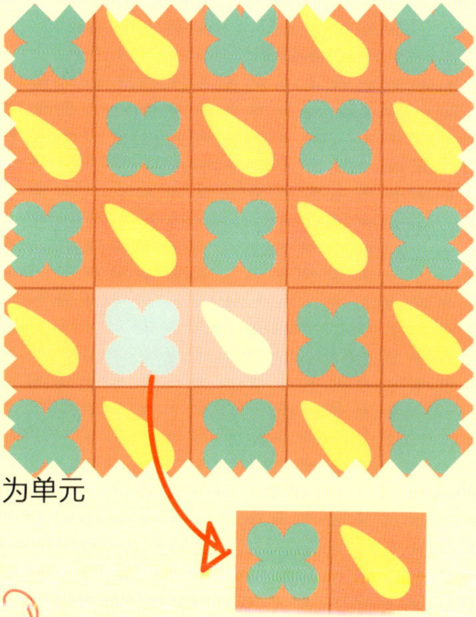

以正方形为单元的重复

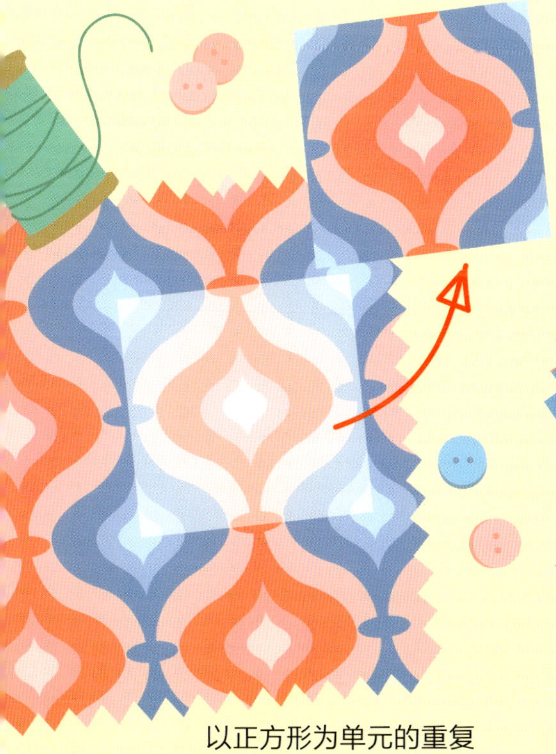

以正方形为单元的重复

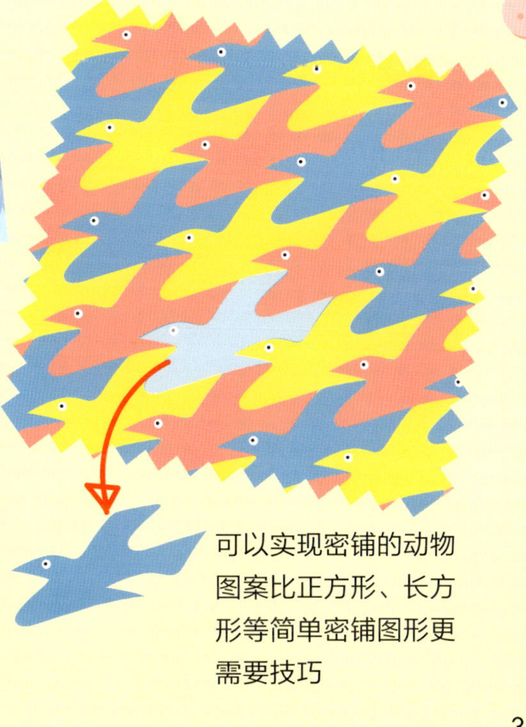

可以实现密铺的动物图案比正方形、长方形等简单密铺图形更需要技巧

大自然中的数字

数学在自然界中无处不在。在大自然中，有些特定的数字、特定的形状、特定的模式会经常出现。大自然最喜欢圆形、曲线和螺旋。你可以在身边发现它们，比如圆形的水果和花朵、蜗牛壳和银河系、蜿蜒的河流、大海的波浪和拱形的彩虹。大自然不需要懂得如何运用数学就可以制造出这些美丽的形状。早在我们懂得运用数学并探索形状和模式中隐含的奥秘之前，大自然便制造出了这些美丽的形状。

圆周率π

30秒大揭秘

在大自然中，圆和曲线无处不在。圆形一直被认为是最完美的图形。在相同周长的图形中，圆形的面积最大，并且没有任何残缺点，圆周上任何一点到中心点的距离都是一样的。

圆形的周长被称为圆周。一条穿过圆心，连接圆形两端的线被称为直径。无论从什么方向画过去，直径的长度都是不变的。直径的一半被称为半径。

圆形有一些很神奇的特征。圆周总等于直径乘以一个特殊的数字，这个数字被称为圆周率。圆周率的符号是π。圆周率约等于3.14，或者约等于22/7。大约在4 000年前，人类就发现了π。圆形的面积等于圆周率×半径×半径（或者写成πr^2）。

更有趣的是，圆周率π在大自然中也无处不在，它并不仅仅是我们用来描述圆形的一个数字。如果你去测量河流的实际长度（从河流的源头开始，到河流的入海口结束），然后再测量河流源头到入海口的直线距离，会发现，河流的平均真实距离和平均直线距离相除，其结果约等于圆周率π。

π

3秒钟总结

一个圆形的周长永远等于直径×圆周率π。

3分钟任务

欢度π日，吃一个派

你需要：一个圆形的派、细绳和尺子

圆周率日是3月14日，因为这一天可以被写成3.14。剪一段细绳，围着派绕一整圈，测量这段细绳的长度。然后拉直细绳，测量派的直径。用派的周长除以派的直径，计算的结果就是圆周率π。现在，敞开胃口吃掉这个派吧。

圆形无处不在，特别是在大自然中。我们经常用圆周率 π 来描述圆形

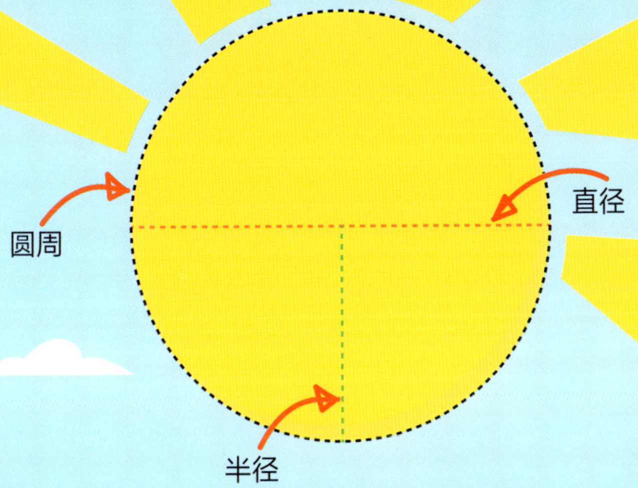

运用圆形的直径、半径和圆周率 π，可以计算出任何一个圆形的圆周和面积

圆周 = π × 直径

面积 = π × 半径^2

斐波那契数列

30秒大揭秘

如果你有两只宠物兔，一只是公兔子，一只是母兔子。过些日子，这两只兔子就能生下很多兔宝宝，兔宝宝长大成年后又可以生出更多的兔宝宝。这样，兔子的数量就能快速增加。大约在800年前，一位意大利数学家斐波那契注意到了这其中的规律。他开始思考，如果让两只兔子自由繁殖下一代，那么兔子的数量到底会如何增长？

斐波那契计算出，如果开始有一对兔子（一公一母），每个月都生下一对兔宝宝（一公一母），并且没有兔子死亡，那么兔子的数量会按照一个特定的模式来增长。斐波那契还假设，每一对兔宝宝需要一个月的时间长大，然后再需要一个月才会生出下一代的兔宝宝，每一对成年兔子又要用一个月的时间抚养下一代兔宝宝。

很快，兔笼里就会满是兔子。斐波那契发现的这种增长模式在大自然中随处可见，这种增长模式被称为“斐波那契数列”。斐波那契数列的每一项都很好计算——它们都是前两个数字的和（如下表）。

斐波那契

0	1	1	2	3	5	8	13	21	34
		=0+1	=1+1	=1+2	=2+3	=3+5	=5+8	=8+13	=13+21

3秒钟总结

斐波那契数列诠释了不断繁殖的种群数量增长的本质：0、1、1、2、3、5、8、13……

3分钟任务

花朵的力量

许多花朵花瓣的数量都是斐波那契数列中的某个数字，例如3、5、8。下次到花园、公园玩的时候，数数你看到的花朵的花瓣数量，看看有多少是斐波那契数列中的数字。你能找到的花瓣数量最多的花是多少瓣？你能找到13瓣或者21瓣的花吗？

斐波那契数列在大自然中随处可见

斐波那契注意到了兔子种群增长过程存在的模式

许多大树的生长方式也遵循斐波那契数列。大树的主干和枝干生长的时候，会在特定的阶段分裂成两个分支，直到分裂成最小的细枝。

黄金图形

30秒大揭秘

你有没有最喜欢的形状？大自然似乎有自己的选择，因为有一种形状在大自然中随处可见，那就是螺线。还有另一种形状，被称为黄金长方形，似乎是人类最喜欢的图形。黄金长方形经常出现在艺术和建筑领域。

黄金长方形的长宽比例大致为1:1.62。也就是说，如果长方形的宽是1米（100厘米），那么长就是1.62米（162厘米）。每一个长宽比为1.62的长方形都有一个非常特别的地方：如果从黄金长方形的一端切下一个正方形，那么剩下那个较小的部分依然是一个黄金长方形（见右页图）。你可以不断重复切下去，就能得到越来越小的黄金长方形。

螺线在大自然中随处可见。螺线是一种简单的生长模式，只需简单向外伸展，就会变得越来越大。菠萝和冷杉树的松果的形状大致是按照螺线的模式排列的，向日葵种子的排列方式大致是一条螺线，飓风和有些星系也形成了螺线形。你也可以依据黄金长方形的形状画出一条特殊的螺线，这样的螺线被称为黄金螺线。画一个大的黄金长方形，每次从大的黄金长方形中切出一个最大的正方形，以此类推，然后将每个正方形的对角用曲线连接，就得到了一条黄金螺线（见右页图）。

3秒钟总结

黄金长方形和黄金螺线是非常神奇的图形，有一个神奇的比例蕴含在其中，便是1:1.62。

3分钟任务

黄金神庙

你需要：木质或者塑料的积木块、尺子和计算器

使用黄金长方形设计黄金神庙，用尺子和计算器尽量精确地测量并试着搭建出来。每个长方形的长必须是宽的1.6倍。可能你手中的积木块不会恰好是黄金长方形，不过没关系，尽力做出你自己的黄金寺庙吧。

螺线和黄金长方形在大自然和人类的造物中随处可见

许多东西以螺线的形式存在，比如蜗牛壳、星系以及许多植物的组织器官

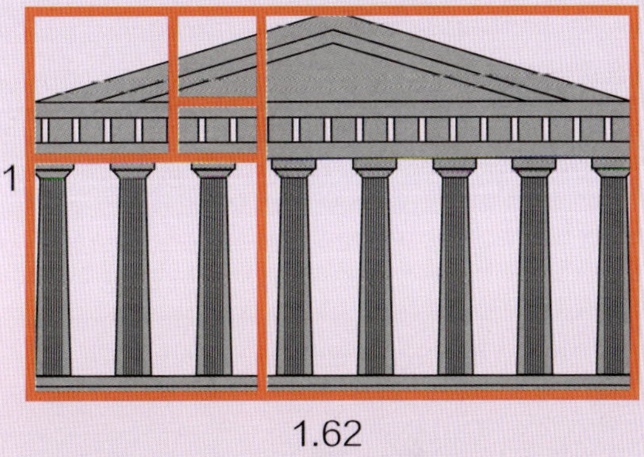

黄金长方形在艺术和建筑领域被广泛运用，从古希腊的神庙到现代绘画作品都是如此。黄金长方形的长宽比例大致为1:1.62

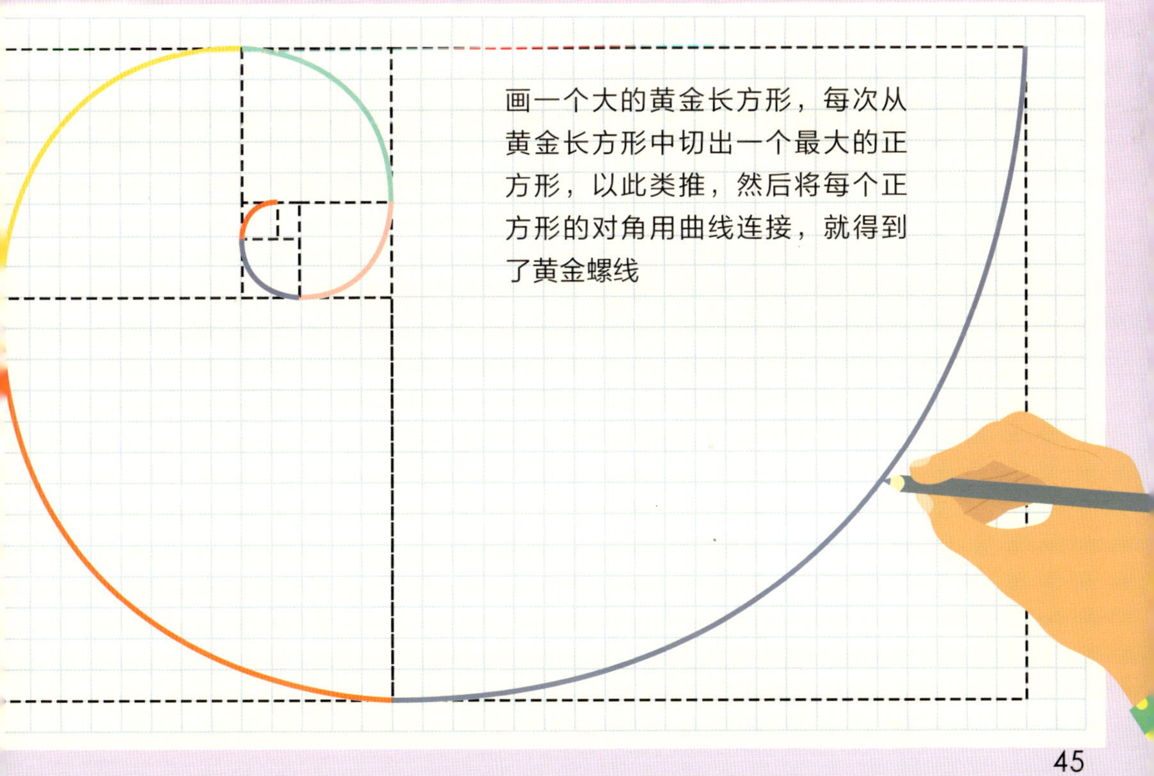

画一个大的黄金长方形，每次从黄金长方形中切出一个最大的正方形，以此类推，然后将每个正方形的对角用曲线连接，就得到了黄金螺线

测量

我们没法数出所有事物，比如我们没法数出水的数量，没法数出一块黄油有多重。当我们没法计数的时候，就要用测量的方法。测量不同事物的时候，我们会用到不同的单位。比如说，我们测量一只小蚂蚁的大小所用的单位和测量晴天气温的单位是不一样的，测量一只小蚂蚁的大小所用的单位和测量太阳到地球的距离所用的单位也是不一样的。

计数还是测量

30秒大揭秘

对于相互独立的、大小比较合适的事物（比如奶牛或是玩具车），我们可以把它们数出来。但是有些事物太小了，用计数的方法很难统计。例如，你肯定不想数出你今天晚饭到底吃了多少颗饭粒。并且，有些事物根本不可能数出结果，比如你不可能数出你的杯子里有多少水，也不可能数出一段绳子的长度。

当我们无法计数的时候，通常会采用测量的方法。我们可以测量长度，比如某样事物的长度、宽度、高度。我们可以测量体积，比如水桶里有多少水。

我们可以测量许多事物。比如，我们可以测量物体的重量或质量（物体有多重）、温度（物体有多热）和时间（某件事花去了多久）。我们甚至还可以测量一些你想都没想过的事物，比如声音有多吵，以及星星有多明亮。

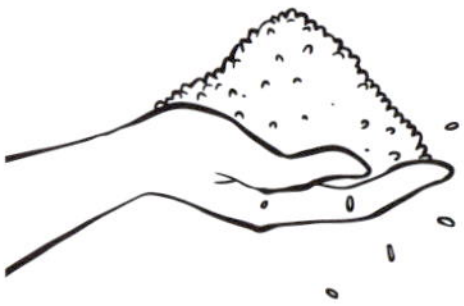

3分钟任务

测测你的肺活量

你需要：一个大碗、量杯、水和气球

1. 把大碗放进水池，用量杯测量大碗最多能装多少水。
2. 深吸一口气，尽力将气球吹到最大。
3. 把气球扎紧，然后把它整个放到装满水的大碗中，尽量别把手指头伸进水里。大碗里的水会溢出一部分。
4. 用量杯测量大碗里剩了多少水，将两个数值相减，就能测出你的肺活量。

3秒钟总结

当我们无法计数时，就采用测量的方法。

对于时间、温度、体积、重量，我们没法通过计数得到它们的数量，所以采用测量的方法

测量的单位

30秒大揭秘

你测量一只小虫的大小时所用的单位和你测量银河系时所用的单位一样吗？当然很不一样啦！我们需要不同尺度的单位来测量不同尺度的物体。

测量一只小虫的大小时，你会用毫米（mm）作为单位，用厘米（cm）作为你身高的单位，用米（m）作为你卧室长度的单位，用千米（km）作为你家到学校距离的单位。你会发现，这四个单位都以米为基础，只不过把米乘以或者除以10，让这个单位适用于不同尺度的物体。

就算是千米也不足以在太空中测量大小。地球到太阳的距离大约是1.5亿千米，但是除太阳之外，距离地球最近的恒星——半人马座阿尔法星，位于1.5亿千米的275 000倍——差不多是40万亿千米那么远。不过幸运的是，我们有一种特殊的方法来测量大得惊人的距离，那就是光年。

顾名思义，一光年就是光走一年的距离。光以光速进行移动（毫无疑问）：光速大约是每秒30万千米，所以一光年是非常长的距离单位。半人马座阿尔法星距离地球大约4.5光年，太阳到地球的距离只有8光分。换言之，太阳发出的光照射到地球要花8分钟。

3秒钟总结

我们需要不同尺度的单位测量不同尺度的物体——从一个小虫到茫茫的宇宙。

小知识

从最大到最小

最小的距离单位是“普朗克长度”。普朗克长度大约是0.000 000 000 000 000 000 000 000 000 000 000 016（1.6×10^{-35}）米，它被广泛应用于测量比原子的组成单位还小的长度。

最大的距离单位其实并不是光年，而是“吉秒差距”（gigaparsec），1吉秒差距大约等于32.6亿光年。从我们地球出发，到可见宇宙边缘的距离，只不过是1/14吉秒差距。

我们不可能用同一个单位测量所有事物，所以我们有很多不同的单位

我们可以用厘米或者米测量体形较大的动物

科学家用毫米甚至微米测量体形很小的生物。1米相当于1 000毫米，相当于1 000 000微米

短跑比赛的距离用米来衡量。如果你跑得像光一样快，那么你在1秒钟内能绕地球7.5圈

我们用光年来测量星星之间的距离，1光年的长度超过了1 500亿千米

通用单位

30秒大揭秘

有时候，我们需要进行精确测量，但有时候我们不需要非常精确。举个例子，当你量身高的时候，可能会将身高精确到厘米，但是你肯定不会把你家到学校的距离也精确到厘米。如果要这样做，你就要先标记一个精确的位置代表“学校”，还需要另一个同样精确的点代表“家”。所以，人们普遍认为，适度准确的测量就足够了。

同样，我们也需要通用单位以便于人与人之间的交流。试想一下，如果我们描述两个地方之间的距离时用步伐作为单位，而不说明是谁的步伐，那么这个测量就没有意义了。所以，测量需要标准化。也就是说，有公认的长度来代表“1米”，有公认的体积来代表“1升”，公认的温度变化幅度来代表“1摄氏度”。

但是，并不是所有的单位都是人类发明的。比如，地球绕太阳1圈是1年，自转1圈是1天。“年”和“天”都被称为绝对度量（绝对单位）：对任何人来说，甚至就算地球上没有人，“年”和“天”也不会改变。但是，“小时”“分钟”“秒”是人类发明的单位，用来将“天”细分开来。

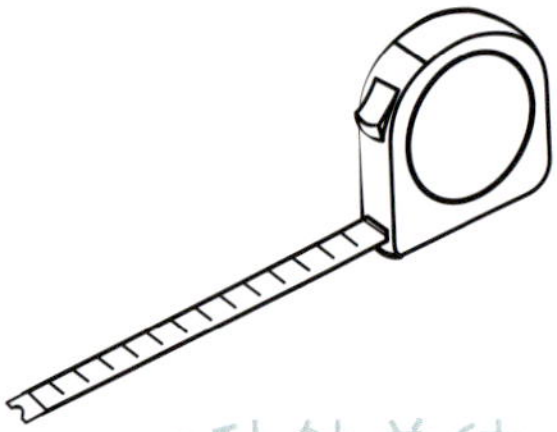

3秒钟总结

我们使用通用单位，使用合理的精确度来描述事物。

3分钟任务

测测你自己

你需要：铅笔、纸、卷尺和直尺

在纸上把你自己画下来。然后测量：你的身高、你的腰围、你手腕周长、你的腿长、你小拇指手指甲和鼻子的长度、你头发的长度。把你测量出来的结果写在纸上。

看看哪个用“米”做单位，哪个用“厘米”，哪个用“毫米”。

（答案在78页）

有些通用单位是绝对单位，有些是人类发明的

地球绕太阳一周的时间总是一年，地球自转一周的时间总是一天。“年”和“天”都是绝对单位

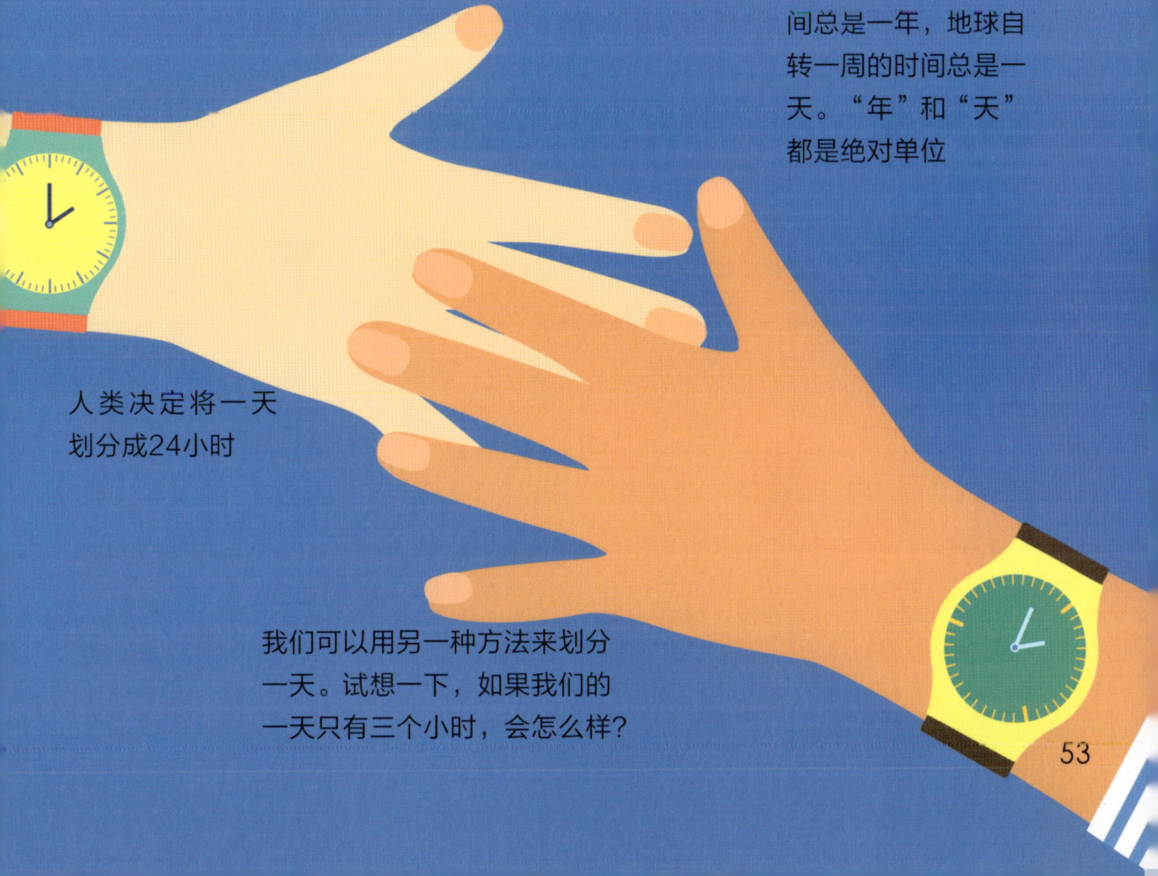

人类决定将一天划分成24小时

我们可以用另一种方法来划分一天。试想一下，如果我们的一天只有三个小时，会怎么样？

奇怪的单位

30秒大揭秘

我们有很多经常用的单位，比如米、千克等等，当然也有很多很少见的测量单位。有很多种很古怪、很少见的单位用来测量特殊的事物。

珠宝往往尺寸很小但非常值钱。远在我们发明“克”作为重量的单位之前，珠宝就非常值钱。所以，测量珠宝重量的单位仍然沿用“克拉”（1克拉相当于0.2克）。1克拉相当于一颗角豆树种子的重量，角豆树种子的重量都非常一致，所以古代的珠宝商人往往用角豆树的种子作为珠宝重量的测量单位。

测量星星的明亮程度的单位是“星等”。“星等”数值越大，表示星星越暗淡。在没有望远镜的情况下，多数人肉眼无法看到“星等”数值大于6的星星。

人们测量辣椒有多辣时，往往用“斯科威尔辣度指数”。这个单位用来测量一种辣椒里所含辣味素的多少。西班牙甘椒的“斯科威尔辣度指数”是100～500。但是，纯的辣椒提取物的指数为1 600万。

有些单位用来测量海水的清澈和浑浊程度，有些用来测量疼痛的程度，有些用来测量岩石坚硬的程度。有些东西非常难以测量。我们测量火山喷发强度时，用喷发出的岩浆、火山灰和气体的量来衡量。

3秒钟总结

我们用特殊的单位来测量特殊的事物。

3分钟任务

发明一种新的测量单位

你需要：纸、彩笔或彩色铅笔

发明一种你自己的测量体系：你可以测量你家庭作业的难度，蛋糕有多甜，你的父母有多烦人，或者某种东西有多臭。同时，你要为你的测量体系发明一种单位，并定义你的单位，让你的单位具有实际的意义。你也可以为你发明的单位画一个图表，来表示不同的等级。

我们有很多经常用的单位，人们也发明了很多稀奇古怪的单位

测量珠宝重量的单位是克拉，这个单位最早来源于“角豆树的种子”。这个单位已经用了几千年

测量辣椒辣度的单位告诉我们哪些辣椒我们可以吃，哪些辣椒我们不能吃

“火山喷发指数”用来测量火山喷发的强度

测量和计算

30秒大揭秘

你可以很容易地测量出你卧室的长度和书桌的高度。但是，有些事物并不是那么容易进行测量。举个例子，如果你想测量公园里一棵树的高度，或者想测量一个池塘里有多少水，该怎么办呢？你总不能爬上树梢，用一个长长的卷尺测量树高，也不能用一大堆水桶把池塘里的水全部盛干。所以，有时候我们不得不用计算代替测量。

想知道一个长方形的池塘里有多少水，要测量池塘的边长和池塘的水深，然后通过计算知道长方形池塘里有多少水：

池塘的长 × 池塘的宽 × 池塘的水深=池塘的体积。

如果你测量池塘的边长和水深时用“米”作为单位，那么计算体积的单位为“立方米”。1立方米 = 1 000升。

当你进行测量的时候，并不总是需要测量工具（比如量杯和尺子）。你可以先用某种别的东西代替尺子，然后再用尺子测量。当你测量弯弯曲曲的、不规则的图形时，这种方法很有用。举个例子，你可以用一段绳子测量一只蚯蚓的长度，然后再用尺子测量出绳子的长度。

3秒钟总结

有些事物很难直接测量，所以我们不得不用计算代替测量。

3分钟任务

测量你的头围

你需要：细绳、剪刀和尺子

把细绳的一端放在你的鼻梁上（两只眼睛正中间的位置）。用细绳绕着脑袋转一圈回到鼻梁上。用手掐住细绳正好绕头一圈的地方。然后取下绳子，再在标记的位置打个结或者把这段细绳剪下来。用尺子测量这段细绳的长度，这个长度就是你的头围。

如果你不能直接测量某种事物的长度，可以用计算代替测量。你可以通过测量一些别的东西的长度，然后用这一长度进行计算

比如说，你可以用影子的长度粗略推算出公园里一棵树的高度

在晴朗的一天，测量你的身高和你影子的长度。用你的身高除以你影子的长度：

$$\frac{\text{高}}{\text{影子长}} = \frac{150}{100} = \frac{3}{2} = 1.5$$

然后，务必在这一天的同一时间，测量树的影子长度，然后用你刚才得到的比例乘以树的影长

例如：
树的影长 = 300厘米
300厘米 × 1.5 = 450厘米

所以树的高度大致为
450厘米（4.5米）

增加一倍

30秒大揭秘

在大街上，你经常能看到一支冰激凌比另一支大，或者一只狗比另一只狗大。但是，你知道前者比后者大多少吗？描述相对大小是需要一定技巧的。

想象一下，一所学校有一个正方形的操场，边长100米。另一所学校有个边长两倍大的操场，也就是边长200米。换句话说，大操场是小操场的两倍大，对吗？那么，我们来计算一下每个操场的面积。

小操场的面积是100米 × 100米=10 000平方米。大操场的面积是200米 × 200米=40 000平方米。事实上，大操场的面积是小操场面积的四倍！

当我们计算体积的时候，会有更加有趣的事。如果你有一个正方体，边长2厘米。你也许会觉得，如果把边长变成4厘米，这个正方体的体积就会增加一倍。但事实上，你把体积增加到了原来的8倍（2 × 2 × 2），因为你在每个维度上都增加了一倍。

知道了这些，你就能知道你买东西的时候是买值了还是买亏了。举个例子，如果一个比萨店卖直径20厘米和30厘米两种尺寸的比萨，那么大尺寸的比萨可不仅仅是小的1.5倍，而是2倍多。

3秒钟总结

将一个形状的边长加倍，会得到一个面积比原来大两倍还多的形状。

3分钟任务

证明这个理论！

你需要：一盒冰块和量杯

从冰盒里拿出9个冰块。取出其中一块放好，然后将另外8块摆成正方体，每条边有2块（2 × 2 × 2）。你可以看出，将边长增加一倍需要用到8倍的冰块。将一块冰块放到量杯里融化，测量冰块的体积。然后将剩下8块冰块融化，测量它的体积。

当你把一个形状的边长增加一倍，会得到原来4倍的面积以及8倍的体积

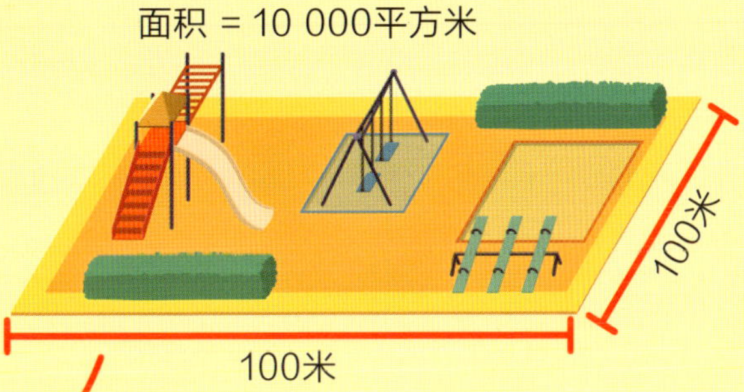

如果你把一块操场的边长增加一倍，就会得到原来4倍的面积

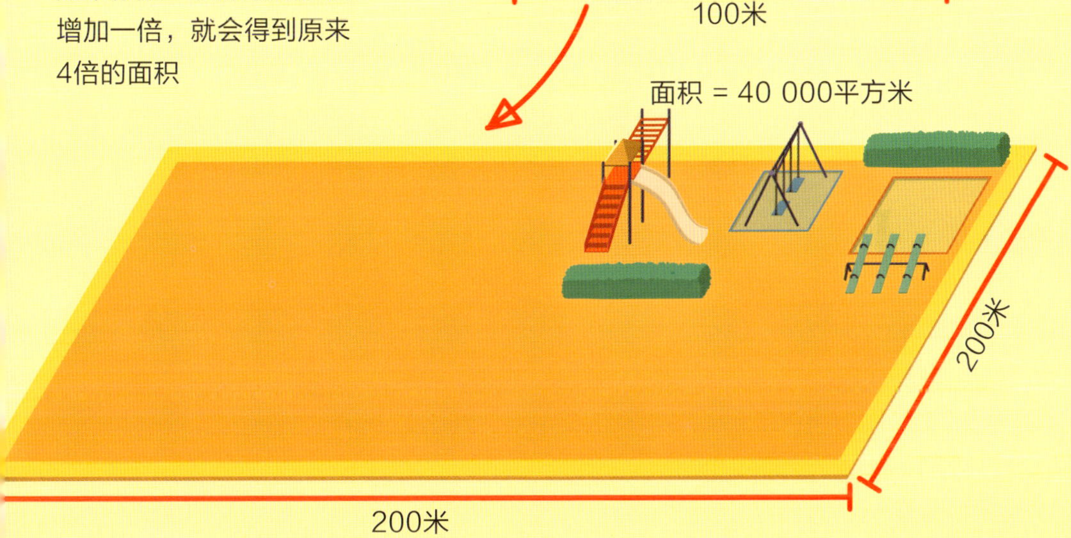

如果你在一个小鱼缸里养了2条鱼，那么将鱼缸的边长增加一倍后，鱼缸的体积相当于原来的8倍，你可以养原来8倍的鱼，也就是16条

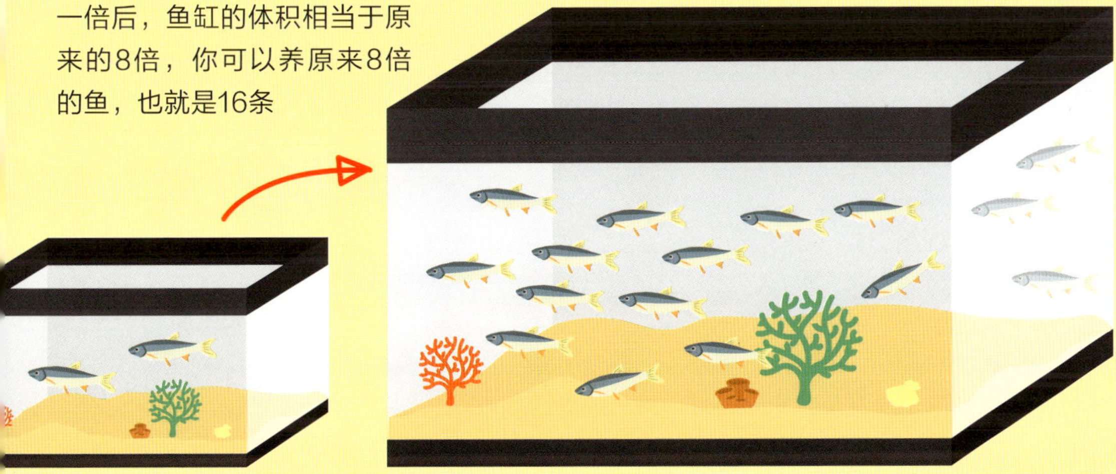

与数据为伴

如果有一大堆数字摆在面前，你一定会感到很难应付。幸运的是，我们有很多更好的方法来展示它们蕴含的信息，例如绘制表格或图表，或者将数据进行分组。当我们用正确的方式分析这些数据（数字信息）时，它们就可以很好地帮助我们描述和理解这个世界，甚至可以帮助我们预测未来有可能发生的事情。你可以通过数据了解一个国家有多少人养狗，以及你养的小狗能长多高。

展示数据

30秒大揭秘

你可能经常看到或者听到这样的报道：“每十个人中就有一个人是素食主义者”，或者“有50%的家庭养宠物”。这些报道的信息来源于研究人员的调查和询问，或者来源于观测。然后，研究人员会用表格和图表把调查结果清晰地展示出来。

不同类型的图表适合不同类型的数据。象形图和柱状图能够很好地表示可以归入清晰类别的数据。举例来说，用这两种图表能够简单地对养不同种类宠物的人数进行比较。

如果你想记录一株向日葵的生长轨迹，那么折线图肯定是你的最佳选择。植物的生长是循序渐进的，不可能突然从140厘米一下子蹦到160厘米——折线图能够很好地展现植物生长的趋势。如果有一天你忘了测量向日葵的高度，你甚至能够从图中推算出那一天向日葵有多高。

饼状图能够很好地展示出部分和总体的关系。你可以画一张饼状图表示人们最爱吃哪种味道的饼。每个扇形所占的比例表示每种口味有多么受欢迎。

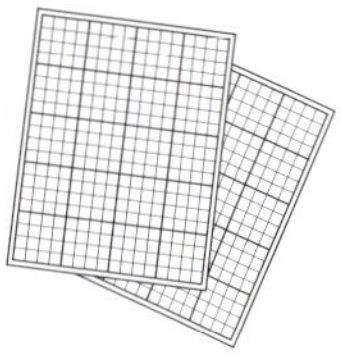

3分钟任务

制作一张象形图

你需要：几个朋友、铅笔和纸

设计一个问题，这个问题最好有大约5个答案，然后拿着问题去问你的每一个朋友。你可以问：“你们每天怎么去学校上学？”或者“你最喜欢什么运动？”统计一下每种回答的人数。画一张象形图，用不同的符号（小图标）表示每种回答的人数。

3秒钟总结

不同种类的图表适用于不同种类的数据。

象形图和柱状图能够很好地展现可以归入清晰类别的数据，折线图能够很好地展现事物随时间变化的趋势，饼状图能够很好地展现部分和总体的关系

从象形图和柱状图中可以很容易看出养不同宠物的人有多少

象形图

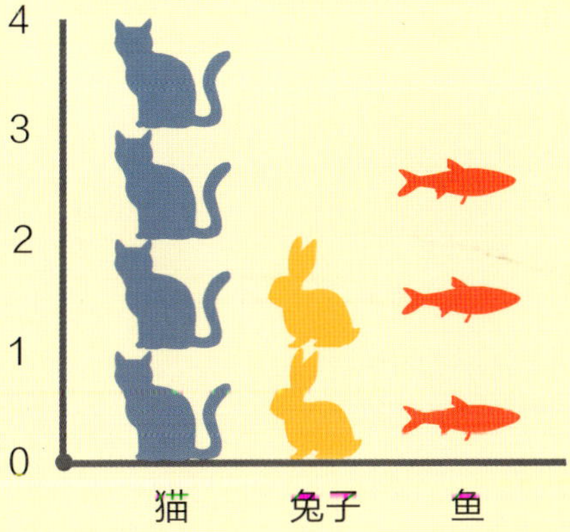

柱状图

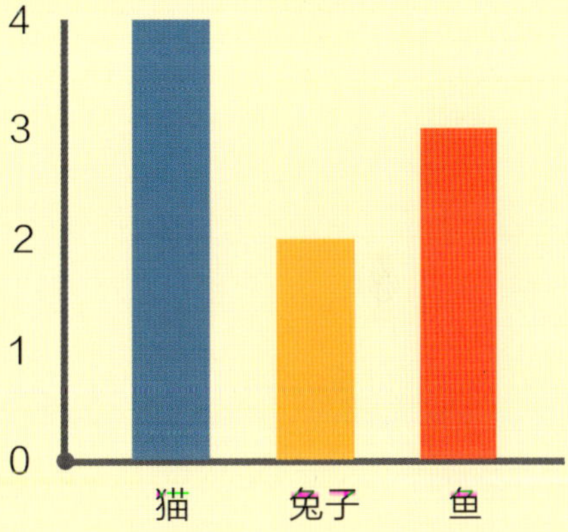

即使不是每天都去测量向日葵高度，折线图还是显示它如何随着时间的推移而不断生长的过程

饼状图能够清晰地表示每一类人（最喜欢某种味道的饼）所占的比例

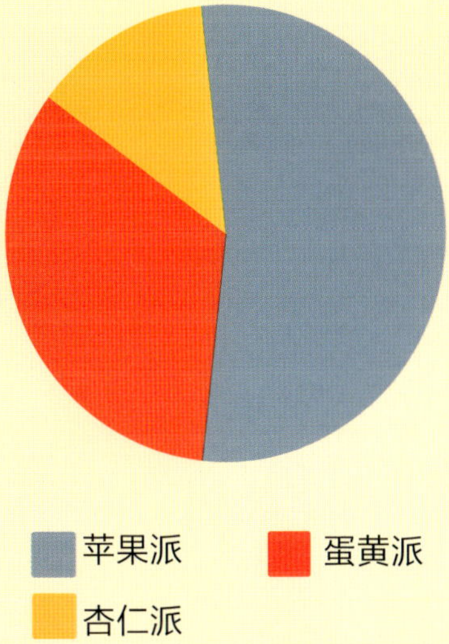

调查和样本

30秒大揭秘

调查就是一种通过询问来获取数据的方法。通常，你不可能将某个问题所涉及的所有人都问个遍。如果你想调查人们养宠物的情况，可能会询问你们班的每一个同学，但是你应该不会询问你们学校的每个同学，更不会询问全国的每个人。所以，你询问的这部分人，被称为“样本”。

“1/4的人喜欢吃香蕉”“25%的人喜欢吃香蕉”，这样的调查结果相比“128个受访者里有32个人喜欢吃香蕉”更容易被人理解。由于这个原因，调查研究的结果往往是以分数或者百分数的形式呈现。分数或者百分数能够更加清晰地表示给出某种答案的人在样本中所占的比例。

如果你选择样本的方法很合理，那么你通过调查小样本得到的结果就可以应用在更大的范围上。所以，如果你在你们班进行调查后发现你们班1/3的同学养小狗，那么你可以合理推断你们学校大约有1/3的同学养小狗。如果你们学校一共有900个同学，那就意味着大约有300个同学养小狗。这种方法被称为样本的“成比例放大”。

3秒钟总结

调查和样本提供的数据可以被应用于更广阔的范围内。

3分钟任务

最喜欢的故事

一篇新闻报道称，在100个孩子中：

有一半的孩子喜欢阅读冒险故事，有2/5的孩子更喜欢阅读幽默故事，还有10%的孩子喜欢阅读动物的故事。

你能计算出喜欢每一类故事的孩子有多少吗？

（a）冒险故事　（b）幽默故事　（c）动物故事

（答案在78页）

样本得到的数据可以“成比例放大”，并应用在更大的范围内

在10个人的样本中，4个人养猫，另外6个人不养猫。所以在30个人中，你可以合理推断，有12个人养猫，另外18个人不养猫

4/10和12/30是[illegible]样的

样本和比例不仅应用于调查中。恐龙的一根腿骨其实就是整只恐龙的一个样本。科学家经常通过动物的某一根骨骼来推断动物的体形大小

也就是说，如果有一只600厘米高的恐龙，它的腿骨的长度是120厘米，那么我们可以根据一根150厘米长的腿骨合理推断：那一只恐龙的高度是750厘米

600厘米÷120厘米= 5
150厘米×5 = 750厘米

平均数和区间

30秒大揭秘

平均数是描述 组数据的很重要的“典型值” 。平均数有二种类型：平均值、众数和中位数。平均值就是把一组数据加起来，然后除以数据的个数。众数就是一组数据中出现次数最多的数字，中位数就是将一组数据从小到大排列起来后，位于正中间的数字。

想象一下，如果你正在考虑养一只小狗，想知道你的小狗成年后能长多高。为了得到答案，你可以计算对应品种的狗成年时的平均身高。先把一群成年狗的身高相加，然后除以这群狗的数量。

例如，有6只斑点狗，身高分别是53厘米、54厘米、61厘米、63厘米、64厘米和65厘米，平均值为：

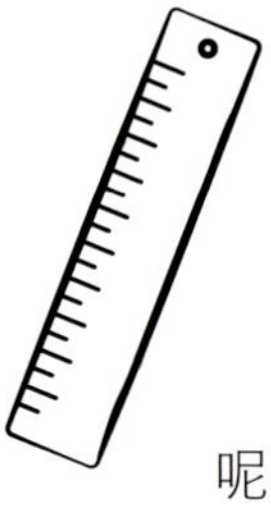

53+54+61+63+64+65=360

360 ÷ 6=60厘米

用数值的区间作为参考也是很有意义的。你的狗最大能长到多大呢？一组数据的区间位于这组数据的最大值和最小值之间。在这个例子中，你可以合理推断，你的小狗长大后，不会比53厘米更矮，也不会比65厘米更高。

3秒钟总结

区间和平均数可以帮助我们理解一组数据的特征及其所蕴含的信息。

3分钟任务

大脚丫、小脚丫

你需要：尺子、纸、铅笔、计算器、你的朋友或家人

量量你的朋友或家人的脚有多大。确保你测量每个人的时候都是同一只脚（都是左脚或都是右脚）。你的测量数据的区间是从哪里到哪里？谁的脚最大？谁的脚最小？脚的平均大小（计算平均数）是多少？看看有没有谁的脚的大小恰好等于平均数。

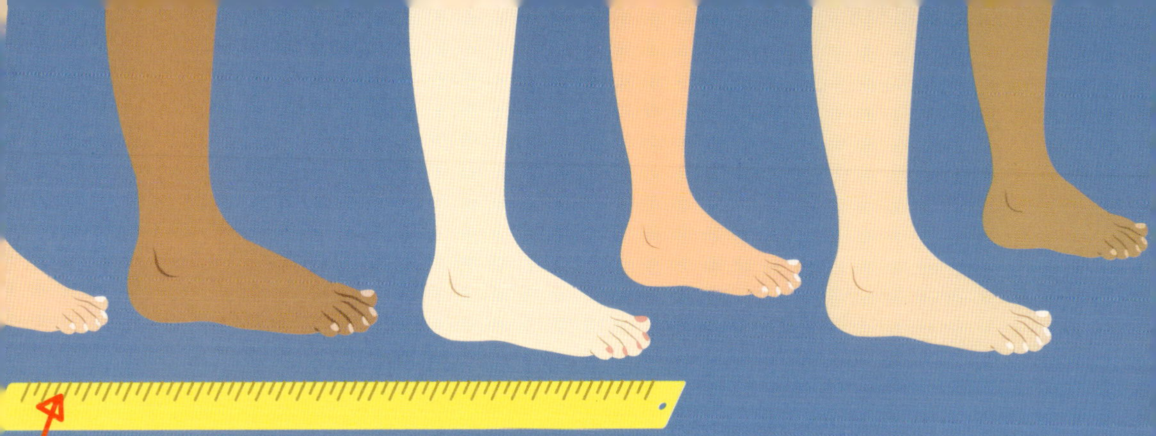

平均数是一组数据的代表。一组数据的区间取决于这组数据最大和最小的两个数值

如果你想知道你们学校所有同学的脚的平均尺寸，肯定要测量许多只脚。如果你只能从你的众多同学中选取样本，那么样本越大，测量结果越理想

了解成年狗的平均身高可以告诉你，你给自己的狗买什么尺寸的小屋，什么尺寸的床最合适

集合

30秒大揭秘

通过前面的章节，你可能已经了解到什么是“集合”。“集合”就是有一些共同之处的一组事物。在数学中，也会用到“集合”这个概念，这是一种不用数字也能运用数学的有趣方法。

一个包括所有具有某个共同点的事物的大集合被称为“全集”。举个例子，动物的全集包括所有种类的动物。“子集”是全集的一部分。子集可以包含不同种类的动物，比如哺乳动物、鸟类和爬行动物，或者“有翅膀的动物”和“生活在水中的动物”。

通常，某些事物不仅存在于一个集合内。举个例子，鸭子既是“有翅膀的动物”也是“生活在水中的动物”。但是有些集合之间没有任何重叠，比如说，一种动物不可能既是哺乳类动物又是爬行类动物。

我们可以用一种特殊的图画——韦恩图来表示集合，韦恩图用圆形代表一个集合。如果某些事物同时存在于两个集合中，那么韦恩图中的圆形会出现重叠。我们也可以通过比较两个集合，来看它们是否完全相同。举个例子，一个集合为“有羽毛”，另一个集合为“鸟类”，这两个集合里面的动物是完全相同的，因为所有的鸟类都有羽毛，并且全部有羽毛的动物都是鸟类，那么这两个集合就是等价的。

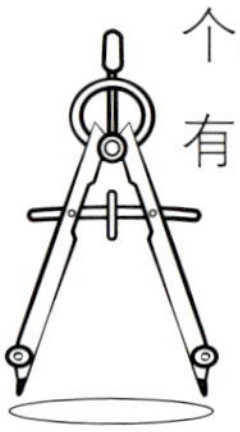

3秒钟总结

在不使用数字的情况下，我们可以通过“集合”对事物进行描述和比较。

3分钟任务

建立“集合”

你需要：你的家人、朋友或同学、纸、彩笔或彩色铅笔、圆规

把你的家人、朋友或同学作为总集。设立几个子集将他们分类。举个例子，你可以设立一个子集为“头发是黑色的”、“喜欢吃水果”或者“喜欢游泳”。画一个韦恩图，看看有多少重叠的部分。

韦恩图可以清楚地表示出集合和子集的关系，这样我们就可以发现它们之间的异同点

动物　　爬行动物

“爬行动物”这个集合是“动物”集合的子集，因为所有爬行动物都是动物，但并不是所有动物都属于爬行动物

有翅膀的动物　　生活在水中的动物

有些鸟类既属于“有翅膀的动物”，也属于“生活在水中的动物”。在韦恩图中，这些鸟类在两个集合的重叠部分

有两条腿的动物

有四条腿的动物

这两个集合不可能有任何重叠，因为一只动物不可能既有四条腿又只有两条腿

草食动物

生活在水中的动物

有翅膀的动物

这三个集合有重叠。有一种动物同时属于这三个集合

什么是机会？

生活总是充满了各种机会和风险、危险和机遇。通过数学运算，我们可以知道什么样的机会值得把握，什么不值得把握。但是，就算做了非常多的计算，生活也总能给你意想不到的惊喜。我们经常能计算出一些事情发生的概率，但是我们几乎不可能得到确定无疑的答案。总有一些我们难以预料的事情会发生！

概率

30秒大揭秘

如果你抛出一枚硬币，那么只有两种可能性（可能发生的结果）：正面向上或者背面向上。平均来讲，硬币落地后，一半的时候是正面向上，另一半的时候是背面向上。出现特定结果的可能性被称为概率。

我们将概率写成分数或小数的形式：

正面：1/2（0.5）背面：1/2（0.5）

将所有的概率加起来，结果总是1：1/2（0.5）+1/2（0.5）=1

如果你抛出两枚硬币，每一枚硬币都可能是正面或者背面向上。因为有两枚硬币，所以有4种可能出现的结果。如下表：

硬币1	硬币2
正面	正面
正面	背面
背面	正面
背面	背面

两枚硬币都是正面向上出现的概率是1/4。

两枚硬币出现一正一背的概率是1/4+1/4=1/2，因为有两种情况，都是一正一背的结果。

如果你想知道两件或者更多件事情发生的概率，就需要把每次的概率相乘。也就是说，如果你只丢一枚硬币，连续丢两次，两次都是正面向上的概率为：1/2×1/2=1/4。

3秒钟总结

概率表示某种事情发生的可能性，通常用分数或小数表示。

3分钟任务

剪刀石头布

你需要：一个朋友

在“剪刀石头布”的游戏中，你和你的朋友一起喊“剪刀石头布”，然后同时做出“剪刀”、“石头”或“布”的手势。找一个朋友一起玩，每玩一局，记录下你出的手势，连续玩20局。看看你每种手势出了几次。

每种手势出现的概率都是1/3。

概率无处不在——你几乎可以使用概率预测即将发生的一切事情

小鸟踩到黑条上的概率是4/8=1/2

每次有人拿到原味饼干，你拿到巧克力饼干的概率就会变大

如果盘子里有10块饼干，只有1块是巧克力饼干，那么第一个拿饼干的人有1/10的概率拿到巧克力饼干，如果第一个人没有拿到，第二个人有1/9的概率拿到巧克力饼干，以此类推，直到有人拿走这块巧克力饼干

高风险，低风险

30秒大揭秘

人们总想提前知道某件事情发生的概率，但是，应该如何处理概率所表达的信息呢？

我们应对概率的方法很大程度上取决于结果有多好或多坏。如果你要做一个有趣但危险的特技动作，你觉得有1/10的概率摔断腿（10次表演中会发生1次），大概就不会去做吧。但是，如果有1/10的概率会擦破膝盖，那么你应该会觉得值得去冒这个险。

我们在计算好事发生的机会时，用的也是同样的方法。举个例子，如果你有1/100的概率赢得一辆崭新的自行车（100次中会发生1次），你还可能有1/100的概率赢得一个自行车头盔，你肯定愿意参与前者。也就是说，回报越丰厚，我们就越想参加。这就是很多人买彩票的原因，即使中彩票的概率通常低于百万分之一。

3秒钟总结

面对机遇，人们不仅考虑概率，也考虑后果。

小知识

数字越大……就越……

研究人员发现，越大的数字越能吸引人们的眼球。如果有两个不同的抽奖活动摆在人们面前，第一个抽奖桶中有10张彩票，只有1张能中奖，第二个抽奖桶有100张彩票，有8张能中奖，大多数人都会选择第二个。做个简单计算，你就会发现，第一个抽奖桶的中奖概率为1/10，相当于10/100，要大于第二个抽奖桶的中奖概率8/100。

面对概率事件，我们所做出的决策会受到我们对结果的感受的影响

人们往往不太愿意参加奖品很廉价的抽奖活动，尽管中奖概率更高

人们往往喜欢参加奖品很诱人的抽奖活动，尽管中奖概率更低

复杂的概率

30秒大揭秘

你能健康活到100岁的概率是多少？在不久的将来，人类发现外星人的概率是多少？你可能无法回答。

有时候，由于有太多的变量（也就是可以发生变化的事情），一件事情发生的概率几乎不可能被计算出来。你能活到多少岁不仅和你的生活方式有关，也和许多不可预测的事情有关。

于是，人们发明了“德雷克公式”，来计算人类与外星人发生接触的概率，计算方法是把下面几个变量相乘：

- 银河系内的平均恒星数目
- 恒星有行星的比例
- 能够支持生命存在的行星的平均数目
- 这些行星上面生命产生的比例
- 生命发展出文明的比例
- 一个文明能够向宇宙发射信号（无论有意还是无意地）的比例
- 能够发出信号的时间占行星生命周期的比例

100

这个方法最大的问题在于，上述任何一个变量的具体数值我们都无从知晓。如果我们随意猜测，那么德雷克公式的结果有时可能是不可能有外星人，有时可以算出存在成千上万个外星人！

3秒钟总结

就算我们知道如何计算出一件事情发生的概率，也不见得真正能做到这件事。

小知识

宇宙中两地之间的距离

宇宙中两个地方之间的距离远得惊人。在太阳系之外，一颗类似于地球的系外行星（指的是一颗围绕太阳系以外的恒星转动的行星），距离地球1 400光年。也就是说，如果我们接收到了来自这颗行星的信号，这个信号可能早在1 400年前就被发射了。当然，我们发射的回信也需要1 400年才能到这颗行星。信号往返需要2 800年，发射信号的外星人或许早就放弃了等待。

大多数情况下，我们很难计算出某件事情发生的概率，因为在生活中，有太多变量需要考虑
把你的画作卖到当地的美术馆？
学习艺术绘画
飞向太空，交个外星朋友？
探索宇宙
绘制名人肖像？
成为一名天文学家？
在一场比赛中腿部受伤？
成为一名海洋生物学家？
练习踢足球
学习潜水技巧
加入当地足球队并夺得某项冠军？
发掘古老的沉船和宝藏？

☆ 小问题答案 ☆

第26页 表面积和速度
砂糖的溶解速度比方糖更快，因为砂糖的比表面积更大。

第52页 测测你自己
身高——米
腰围、手腕周长、腿长——厘米
头发的长度——厘米或毫米
小拇指手指甲和鼻子的长度——毫米

第64页 最喜欢的故事
(a) 50 (b) 40 (c) 10